JN108821

地域防災の実践

―自然災害から国民や外国人旅行者を守るための実学―

鈴木猛康 著

理工図書

まえがき

　令和6（2024）年の元旦に、能登半島地震が発生した。マグニチュード7.6のこの地震は、被害想定地震の何倍も大きな規模の内陸直下型地震であり、震源域では土地が最大4m隆起し、重力の2.8倍以上の加速度で揺れた。輪島市や珠洲市では全壊家屋が多数発生するとともに、延焼によって輪島市の美しい街並みが焼失した。また、道路の寸断によって多くの集落が孤立した。政府による必死の被災地支援、昼夜を問わず対応する地方行政、近所で助け合って避難する地区住民の活動が、報道を通して伝えられる。また、避難所で情報を受け取ることができず、不安に苛まれる在留外国人の姿も報道される。被災地の報道を見て、恐怖を感じたり、余りに過酷な惨状を哀れんで涙を流したりすることもあろうが、それだけで終わってほしくない。被災地から学び、皆さんの地域防災に役立ててもらいたいのだ。

　災害大国あるいは災害多発国（disaster-prone country）と言われる我が国では、これまで幾多の自然災害に見舞われた経験を反映させ、高度な耐震設計法を構築し、免震ビル、砂防堰堤等のハードを整備し、気象予報、緊急地震速報などの高度な災害情報を創出し、法制度や計画等のソフト施策も充実させてきた。顕著な大雨に関する情報、記録的短時間大雨情報等の防災気象情報が毎年のように新たにつくられ、修正され、即座に運用が開始されている。その結果、我が国は、緊急地震速報によって事前に地震の来襲が伝達され、南海トラフ地震の発生可能性が通常と比べて相対的に高まったと評価された場合には南海トラフ臨時情報も発表され、また線状降水帯の発生がリアルタイムで報道される防災大国となった。このような防災の先進国であるにもかかわらず、我が国では国民の防災意識がなかなか高まらないのはなぜだろうか。また、観光立国の我が国で、災害時にインバウンド観光客が戸惑わなければならないのはなぜだろうか。

　我が国では、1961（昭和36）年に施行された災害対策基本法に基づいて、

災害対応が行われている。防災における国の責務、中央省庁や指定公共機関の責務、都道府県や市町村の責務は明確に規定されている。ところが、国民に対しては、①備え：備蓄や建物の耐震補強や家具の転倒防止等、各自で備えること、②防災活動への参加：防災訓練に参加したり、防災勉強会に参加したり、そして、③教訓の伝承：不幸にも被災したときは、その時の教訓を伝承すること、に努めるという３つの努力義務が課されているのみである。例えば、災害対策基本法の避難行動要支援者の名簿作成が市町村に義務付けられると、市町村の担当職員は各地区を回って、自治会長に名簿を用いた避難支援体制の構築を依頼する。市町村の総合防災訓練が計画されると、対象となる地区の住民に参加をお願いする。市町村は災害対策本部設置訓練の取材を地元の放送局や新聞社等のメディアに依頼し、報道してもらう。住民は、自治体にお願いされて自治体の防災活動を手伝い、報道によって自治体の防災業務を目にするのに慣れてしまうと、防災は役所の仕事なので災害時には役所が何とかしてくれる、行政がすべて住民の生活を守ってくれる、と誤解してしまうのではないだろうか。国民の責務を明記していない点が災害対策基本法の最大の欠点と指摘した防災研究者もいた。この点を解決し、自主的な地区の防災活動を自治体の地域防災計画に組み込む方法の一つとして地区防災計画制度がつくられたが、なかなか制度の普及が進まない。

　我が国は、急峻な地形、台風の到来、地震や火山の発生等、自然災害とともに暮らしてきた歴史があり、昔から災害大国だった。そもそも我が国ではこれまでどのような防災対策が、どのような防災組織によって行われてきたのだろうか。今一度、整理する必要があるように思う。明日の天気を予想し、今年の米の出来高を占う人は昔から全国各地にいたようだ。雨季に入る前に川や用水路の見回り、必要な補修を行う事前対策とともに、被災後の復旧を行うための調査、計画、そして実施に関する組織的な対応が、過去に存在していたのだろうか。実は、中世に武田信玄が採用した

名主制度では、各地の名主が農民を率いて水害の事前、事後対策を行う
川除普請<ruby>かわよけふしん</ruby>がシステム化されていた。このシステムは徳川家康によって引き
継がれ、全国に展開されて昭和の初めまで、我が国の防災システムの礎と
なっていた。

　本著では、第1章で我が国の防災対策の現状を紹介する。つぎに第2章
で我が国の過去の防災対策を振り振り返る。そして第3章で防災気象情報
の氾濫に関する課題を取り上げ、問題を提起する。第4章〜7章では地区
防災計画とまちづくりについてまとめている。まず第4章で地区防災計画
について、第5章で地区防災に欠かせないリスク・コミュニケーションを
実践例とともに解説している。さらに第6章で広域避難計画を、第7章
では土砂災害における警戒避難をテーマとして、地区防災計画作成の実践
例を紹介している。第8章では、外国人（インバウンドを含む）に対する
災害対応をテーマとして取り上げ、観光防災の重要性についてまとめてい
る。第9章と第10章では、防災におけるインバウンド観光客に対する災
害対応をテーマとして、それぞれホテルと遊園地 AI 多言語翻訳アプリを
適用した実証実験について紹介している。第5章から第10章では、ワー
クショップ、実証実験、アンケート調査やシミュレーションの結果等、筆
者自身が取組んだ研究の成果を盛り込んでいる。そして第11章で、防災
とまちづくりの将来像について述べるとともに、能登半島地震から得られ
た教訓をまとめて本書を締めくくっている。

　本著は読者として、中央省庁や地方自治体の職員、防災研究者、地域の
防災リーダーの皆さん、そして観光・防災を生業とする各種団体を対象と
している。もちろん、家族を守るために防災の知識を習得されようとする
一般の方でも理解できるように、研究成果については平易な表現を用いる
ように努め、専門用語には解説を加えるようにした。本著を読んだ多くの
皆さんが、個人として組織として取り組むべきことを見出していただき、
より一層の防災・減災の向上に向けて実践していただければ幸いに思う。

地域防災の実践

―自然災害から国民や外国人旅行者を守るための実学―

目次

第4章　地区防災計画

第5章　リスク・コミュニケーション

第6章　広域避難と地区防災計画

第7章　土砂災害警戒区域における地区防災の実践

第8章　自然災害に曝される外国人の現状と対策

第9章　多言語翻訳アプリを利用した　　　　　　災害対応の実証実験（ホテル編）

10 章　多言語翻訳アプリを利用した災害対応の実証実験（遊園地編）

第 11 章　これからの防災まちづくり

第 1 章

現代の防災対策の現状と課題

1.1　特別警報が発表されてから逃げる

　2018 年 7 月 6 日〜 7 日にかけて西日本中心に発生した豪雨のことを西日本豪雨と呼んでいる（気象庁による正式名称は、平成 30 年 7 月豪雨）。あるテレビニュースを見ていた筆者は、インタビューに答える避難し遅れた倉敷市真備町在住の住民の言葉に「やはり」と納得して頷いたのを覚えている。その住民は、「避難指示が発表されていたのは知っていたが、特別警報が発表されていなかったので、まだ避難しなくてよいと思った。」と答えたのだ。この西日本豪雨による死者は 233 人、行方不明者は 8 人で、真備町では 51 人が犠牲となった。特別警報のみならず、良かれと思って気象庁がつくり、運用（発表）する気象注意報・気象警報・特別警報とともに、これらの発表前に予告して注意を呼びかける、あるいは発表中に現象の経過、予想、防災上の留意点等を解説する防災気象情報がある。また、これらの情報を正確に伝えるため、気象用語を用いた説明が行われる。

　特別警報は、警報の基準を上回る最大級の警戒を気象庁が呼びかける情報であり、避難情報では【警戒レベル 5】緊急安全確保、すなわち立ち退き避難は既に危険な状況になっている可能性があることを意味している。【警戒レベル 4】避難指示は市町村の発令する避難情報で、ただちに避難を開始し、完了することを求めている。【警戒レベル 3】高齢者等避難の発令で避難の準備を開始し、とくに災害リスクの高い場所に居住する住民や避難行動要支援者は（支援を得て）避難を開始し、【警戒レベル 4】避難指示発令で立ち退き避難が必要な地区の居住者は全員が避難する。そのため、市町村は情報を収集して避難情報発令のタイミングを検討する。一方、気象庁は市町村の避難情報発令の判断を支援するために気象注意報・気象警報とともに、気象情報を発表する。したがって、気象庁の発表する情報は、市町村の発令する警戒レベル 3 〜 5 ではなく、警戒レベル 3 〜 5 に「相当する」情報と位置づけられている。

　住民にとって避難判断にもっとも優先すべき情報は、間違いなく避難情報だ。しかし、当初は市町村の避難判断を支援するためにつくられた気象注意報・気象警報・特別警報、あるいはこれらを補う気象情報が、自主判断に有効な情報としてメディアを介してほぼリアルタイムで国民に伝達されるようになったため、住民にとっては市町村の避難情報とメディアからの気象情報との区別がつかなくなっている。これが、筆者が「やはり」と納得した理由なのだ。

　それでは、市町村が発表する避難情報を、避難を判断するための唯一の情報として、避難行動をとれば良いのだろうか。西日本豪雨の際に避難指示を発令した市町村の6割が、特別警報が発表された後に避難指示を発令していたのだ。これでは、気象庁の発表する情報は参考程度に留めて避難情報を頼りに避難すべき、とは国民に言えない。2021年に静岡県熱海市伊豆山地区で、また同年に長野県岡谷市川岸地区で土石流が発生した際は、県と気象台が共同で警戒レベル4相当の土砂災害警戒情報を発表していたにもかかわらず、両市ともに避難指示を発令することなく、土石流が発生してしまった。土砂災害警戒情報は、土砂災害警戒区域の地区に対して市町村が避難指示発令を促す警戒レベル4相当の防災気象情報と位置づけられている。やはり、避難指示が発令されるのを待って避難するのが良い、とは言えない。

1.2　災害未経験の自治体で災害は発生する

　的確な避難情報発令が行われるなら、住民は避難情報に従って避難行動をとれば良いが、前述の通り避難情報の発令を待っていては危険なこともある。それでは、どうして市町村は的確に避難情報を発令できないのだろうか。災害対策基本法第六十条に基づいて市町村長には避難情報を発令し、伝達することが義務づけられている。防災・危機管理の意識が高く、災害対応にリーダーシップを発揮できる一部の首長は、庁内で

集約させた災害情報に基づいて自分自身で避難情報発令の判断を行うが、大抵の市町村では防災担当が首長に避難情報発令を進言し、その進言に基づいて首長が発令の判断をする。したがって、市町村の防災担当部局の災害対応のスキルの程度が、的確かつ迅速な避難情報発令ができる否かを左右すると言っても過言ではない。

　都道府県や一部の市町村は、自衛官退職者を防災専門監（防災危機管理監）として採用している。自衛官は幹部でもほとんどは55歳〜57歳で定年退職を迎える。防災・危機管理教育を受けた幹部自衛官には、防衛省から自治体への人件費の補助制度があり、また災害対応実務に慣れていない自治体からの要望も多い。その結果、自衛官の再就職先として自治体の防災専門監のポストが増えているようだ。自治体の側には，退職自衛官が防災に関する知見を有していることを前提に，自身の防災や危機管理への貢献，とくに自衛隊との連携強化につながる貢献が期待されているものと考えられる（中林，辻岡，2017）。自衛隊における勤務経験を活かして、このような防災専門監は、指揮命令体制の構築、災害対応訓練の指導を行うのは勿論のこと、市町村では地区住民の防災活動支援まで担っている。

　多くの読者は、お住いの市区町村の防災部局（総務課、防災課、危機管理課等）は防災のスペシャリストで構成されていると思われるだろう。稀にではあるが、静岡大学の岩田孝仁特任教授のように、静岡県入庁から退職まで防災の部署で過ごされた専門家もいる。しかし、ほとんどの都道府県や市町村の防災部局職員は、特別な防災の専門教育を受けることなく、人事ローテーションの一環としてたまたま防災部局に異動してきた職員なのだ。だから4月の人事異動の直後には、防災部局の職員だからと言って、災害対応のプロとして立ち回れるわけがない。防災や危機管理の学位を有するわけでもなく、特別な防災の資格を有しているわけでもない。そのため、多くの市区町村では、都道府県の主催する防災リー

ダー養成講座（防災士養成講座）に職員を派遣し、防災担当職員として必要とされる最低限度の知識を身につけさせ、防災士の資格を取得させている。

　防災とはまったくかかわりのない職場にいた職員の中には、防災担当となって地区住民に密に接して防災活動の支援を行い、被災地支援に出向いて災害対応業務を体験し、防災の研究者との学びの場に積極的に参加して、知識とスキルを兼ね備えた立派な防災の専門家となった方もいる。地区住民からは「〜ちゃん」と可愛がられ、住民からの相談が絶えない職員も少なくない。また、市町村の防災担当者から相談や問い合わせが多く、市町村から信頼される県の防災担当者もいた。しかし、そのような防災部局に最適な人材でも、人事ローテーションによって２〜３年後には他部局へ異動してしまう。その結果、市町村の防災部局のスキルは一時的に向上することはあっても、長い目で見るとあまり向上していない。猛烈に防災業務に取り組む職員が部局からいなくなった結果、スキルが大幅に低下してしまうことさえある。職員の熱意が低下すれば、地区住民のやる気も低下してしまう。防災部局のスキルを継続的に向上させるのは、やはり防災に真摯に取り組む首長の姿勢だろう。

　以上のように、市町村の避難情報発令判断が遅れたり、発令の判断ができなかったりする原因には、市町村の防災担当職員が必ずしも防災の専門家ではないということもある。気象庁や国土交通省から気象や河川の情報が得られても、理学や工学の知識がないために、その情報を分析できないし、専門用語が難しくて情報の意味が十分理解できないこともあるだろう。大学で土木工学を学んだ技術系職員ならば、地盤や河川の変状に気づきやすいだろうし、気象注意報・気象警報の意味を理解するための素養を身につけているだろう。しかし、多くの場合、防災部局の職員はほとんどが文系の出身であり、災害対応を行う建設部局の職員と専門用語を使って会話することができないため、情報の共有は難しいそうだ。

ちなみに、ドイツには公務員の人事ローテーション制度はない。米国では、研修を受けたり、大学や大学院で危機管理を学んだスペシャリストが防災担当者となり、さらにスキルアップできる制度もあるので、防災スペシャリスト集団が形成されやすい。もちろん米国のFEMA（危機管理庁）は、長官はじめ専門家で構成されている。

1.3　避難所の運営と在留外国人の避難

　2016年熊本地震の際、震度7の激震地となった益城町では、庁舎が被災したため、急遽、災害対策本部を庁舎の駐車場に設置し、その後、町の健康福祉センターに移動させた。自治体の災害対策本部は文字通り災害対策の中枢であり、情報の一元化を図って分析し、庁内外の調整、迅速な意思決定を行うための拠点となる。同センターは町が災害対策本部を設置する庁舎の代替施設としてBCPに基づいて事前に準備されていたわけではないので、満足な災害対応はできなかった、と筆者は現地で町職員から報告を受けた。ただし、問題は施設というよりも災害対策本部の運営体制が整っていないことだった。益城町にインタビューをした際、職員の約7割が避難所対応で出払っていると聞いて驚いた。災害対策本部における情報共有はできておらず、本部が機能していなかったことを、幹部職員がはっきりと肯定したので、さらに驚いた。行政と同様、住民も地震に対して無防備だった。早い者勝ちで住民が避難所に居場所を確保し、支援に入ったボランティアは、もはや避難所運営に手をつけられない状態だったと嘆いていた。

　熊本県の救援物資受入れ拠点（以降、救援物資拠点と呼ぶ）3箇所はすべて被災してしまい、拠点として使用不能となった。3つの拠点のうち2箇所はもっとも揺れの大きかった益城町にあった。したがって、救援物資は県庁のロビーに積み上げられることとなった。一方、熊本市では救援物資拠点の熊本県民総合運動公園に全国から救援物資が集まり始

めた。しかし、この拠点から5つの区の物資集積所への配送が滞った。物資の仕分けをするのは物流の素人の市職員だった。自衛隊やボランティアの支援を受け、5つの区の物資集積所へ配送車に物資を積み変える作業を行っていたが、物資を配送された区の集積所で、さらなる混乱が発生したのだ。仕分け作業の人手が足りず、フォークリフト、パレット等の資機材がないことに加え、各避難所で必要な物資の情報が一元化されていなかったため、集積所で荷卸しの順番待ちをするトラックの列ができてしまったのだ（鈴木，2016）。これでは避難所に必要な物資が届くわけがない。

　災害時の救援物資供給システムの問題点については、大災害のたびに繰り返し指摘されてきた。2011年東日本大震災では、仙台市で市の救援物資拠点から区の集積所、区の集積所から各避難所へという救援物資供給システムが破綻した。市の救援物資拠点から直接自衛隊が各避難所に物資を搬送し、搬送先の避難所で必要な物資を聞き取り、その情報を市の物資拠点へ持ち帰って物資配送という単純なシステムに切り替え、ようやく避難所に必要な物資が供給されるようになった（早乙女ほか，2012）。このような貴重な教訓が熊本地震では活かされなかった。各避難所→市町村→県→内閣府という救援物資要請情報の連絡ルート、内閣府→トラック協会→県→市町村という救援物資供給システムが、2012年の災害対策基本法改正によって法制化されていた。しかし、この方式では、各市区町村の集積所の職員の仕分け作業がボトルネックとなって、避難所に物資が届かなくなるのだ。令和6年能登半島地震では、上記の物資供給システムが機能不全に陥ったが、そのことが指摘されることもなく、避難者の苦悩が報道されるのみだった。

　熊本市国際交流振興事業団（2019）によれば、熊本地震では熊本市国際交流会館に外国人避難対応施設が開設され、熊本市国際交流振興事業団が施設運営を担当した。団体旅行や個人旅行の外国人観光客が殺到し

たが、彼らは交通情報を入手したり、旅行社でバスを手配したりして、すぐに熊本県から脱出した。韓国、中国等の在住自国民が多い国では、領事館が福岡までのバスを手配し、自国民の熊本脱出を支援した。しかし、残りの在留外国人は住宅の損壊や食器類の落下、破損により、不安と恐怖から同施設での宿泊を余儀なくされることとなった。会館内については同事業団による対応が行われ、外国人とともに生きる会（コムスタカ）が毎日炊き出しを行う等、数十名の避難者を勇気づけた。しかし、同事業団は、館内での避難所運営に悩殺され、館外の避難所巡回までは手が回らなかった。

　在留外国人の中には、避難所が開設されている近くの小学校に行ってはみたものの、災害情報は日本語でしか提供されず、弁当の受け取り方もわからず、まわりは日本人ばかりで誰も支援してくれずに孤立してしまうため、避難所を出てしまったものも多かった。令和6年能登半島地震でも、まったく同じことが繰り返された。同事業団は、今後の教訓として、「不安を抱える外国人はいないだろうか」という意識を持ち、避難所運営者やボランティアが、片言の英語や日本語でもいいので声をかける心配りをしてほしいと願うと綴っている。また、行政側に「災害弱者」である外国人被災者の把握、場合によっては外国人避難施設への誘導を求めている。さらに、複数の外国人が、「避難所の過ごし方に日本との文化の違いを感じた。大変な時ほどたくさん会話をして不安を解消したいのに、静かに過ごすことが求められたのでストレスがたまった」と不平・不満を漏らしたという。疲れてゆっくり休みたい避難者への配慮は必要だが、可能な範囲でストレスを解消できるスペースを設けたりすると喜ばれると思う、と同事業団では改善を求めている。

　海外では屋外にテントを張って被災者を収容することが多い。ところが、日本では体育館に雑魚寝する避難所運営が一般的だ。多くの人で混雑する避難所に、言葉や文化が異なる外国人が入っていくことだけでも

勇気のいることであり、また避難所での外国人のふるまいが日本人の目からは奇異に映ることもあって、「日本人に殴られた」、「出て行けと言われた」など、過去の災害では毎回と言って良いほど外国人が避難所で排除される事例が発生している（田村，2019）。

1.4　そのとき必要だったのは情報共有

　2011年3月11日東北地方太平洋沖地震によって発生した超広域災害は、閣議決定によって東日本大震災と呼ぶこととされた。この震災では、全国から多くの地方自治体職員が被災地に入り、被災自治体の応援、ボランティア活動等に参加した。その経験を地元自治体に持ち帰り、地域防災計画の見直しに反映させた自治体が多いのは事実だ。しかし、被災地で起こったことが特別な出来事（他人事）と考え、この教訓を我が事として活かしていない自治体も少なくない。2012年以降の3月11日にはテレビ各局が震災周年記念番組を放送し、この地震から得られた教訓を国民に思い起こさせ、今後発生する巨大地震に対して警鐘を鳴らしている。筆者もこの頃になると地元のテレビ局やFM放送局の番組に出演し、災害に対する備えを県民に呼びかけている。

　人は自分にとって都合の悪いことを無視したり過小評価したりする特性を持っている。このことを、心理学では「正常化の偏見」あるいは「正常性バイアス」と呼んでいる。苦しい経験、恐ろしい体験がずっと脳裏に残っていると精神疾患を患うことになりかねないので、この特性を有することを我々は歓迎すべきだろう。一方、貴重な災害経験・体験の記憶を留めることは、失敗を繰り返すことなく、尊い命や財産を守ることにつながる。そのため、大震災の体験を心に刻むことは、体験した本人にとって有効だ。さらに、その体験を他人に伝えることは、災害を未だ経験していない人の行動変容を促すことにつながる。

　繰り返される失敗という観点から、地方自治体の防災について考えて

みる。新潟県見附市は、不幸にも 2004 年に新潟・福島豪雨災害、新潟県中越地震という 2 つの大災害を経験した。筆者は災害対応の実態や防災行政のあり方について、当時の久住市長をはじめ災害対応経験の豊富な見附市職員から多くのことを学ばせていただいた。あるとき、一緒に仕事をさせていただいた元見附消防署長の久保さんから、2004 年の豪雨災害の時は市の防災担当は何も知らなかった、という意外な言葉を聞いた（鈴木，2014）。消防署長という危機管理の最前線に身を置く立場から見ると、当時の市の災害対策本部は頼りない存在だったようだ。見附市でも刈谷田川の堤防が完成する前は、毎年のように洪水に悩まされてきたが、堤防が完成してからは内水氾濫が決まった場所で発生するものの、刈谷田川の越水や破堤といった外水氾濫はしばらく影を潜めていたのだ。市民も行政も安心しきって、災害に対する備えを忘れてしまったのは、正常化の偏見の仕業と言えるだろう。災害を経験した見附市では、久住市長の強力なリーダーシップの下、全国的にも稀に見る先進的な防災体制が構築され、2004 年新潟・福島豪雨災害から約 20 年が経過して、市長が代替わりした今でも、その体制は維持されているようだ。

災害対応の実体験こそが最高の防災訓練なのだ。2004 年には新潟県中越地震発生とともに 10 の台風が日本列島に上陸し、全国の多くの自治体で豪雨災害が発生した。2004 年の災害から半年〜1 年経過した被災自治体の職員を対象として、災害対応の実体験に関するヒアリングを行ったことがある。被災自治体に共通していたのは、職員の防災意識が高くなり、組織の見直しをはじめとした改善が行われていることだった。ところが、同様なヒアリング調査を重ねるうちに、筆者に 1 つの疑問が湧いてきた。職員の体験した失敗のほとんどは、過去に他地域が経験した失敗と同じだったのだ。つまり、同じ失敗が繰り返されていたのだった。

どうして他地域の失敗例から学ばないのだろうか。大災害のニュースはどの放送局でも毎日報道される。テレビ局は特集番組を組むし、多く

の災害記録の図書が出版される。自治体職員は各地で発生する災害について気づかないわけがない。しかし、その大災害を他地域で発生した他人事として取り扱ってしまい、災害は井戸端会議の話題にしかならないため、「知」とはならないのだろう。

テレビ画面の向こうで困窮する住民の顔が県民、市民の顔に見えて、対処すべき自分の業務が想像できないと、ちゃんと理解したことにはならないだろう。例えば、ある市の職員は、災害の報道をテレビで見ると、すぐにボランティアとして現地に入りながら、被災市町村にとって必要な支援を学んでいると教えてくれた。被災地の支援を通して得られたノウハウを、市民のための災害対策に活かすのだそうだ。行政では、2、3年の人事ローテーションが慣習化されている。上記のヒアリングで知り合った優秀な防災担当者とおつきあいを続けたくても、すぐに異動してしまい、音信不通となってしまうことも多い。残念ながら、自治体においては後継者が貴重な災害経験を引き継いでいないケースの方が圧倒的に多い。したがって、災害から 5、6 年が経過し、その自治体の災害対応における課題や課題解決の経緯を一番よく知っているのが、その地域の大学の防災研究者となってしまった自治体では、また失敗が繰り返されることになる。筆者は最近の講演会で住民から、「県や市を厳しく指導するのが先生の責務だ」と指摘された。こんな言葉が住民から出るのだから、令和 5 年現在で大地震から 100 年、大水害から 40 以上が経過した山梨県や県内市町村は、防災力が相当低い状態にあるということなのだろうか。

図－1.1 は、自治体の防災力や防災意識と災害発生からの経過時間の関係を、災害経験の有無で区別して模式的に示している（鈴木，2012）。災害を経験した自治体の場合、図の実線のように、災害発生によって一時的に高まった職員の防災意識は、2 度の人事異動によって 5 年程度で災害発生前の段階まで低下してしまう。ところが、2 年ごとに中小規模

の災害が発生すると、点線で示すように防災力は自然に向上する。破線の新潟県見附市のように、災害経験後に被災しなくても、努力と工夫次第では防災力を継続的に向上させることができるはずなのだ。これに対して、下図の災害を経験しない自治体では、一般に他地域の教訓は「知」として共有されておらず、防災力は実線のように低い状態から変化することはない。全国で毎年発生する災害を教訓にして防災体制の見直しを進めれば、破線のように防災力を向上させることが必ずできるはずだ。

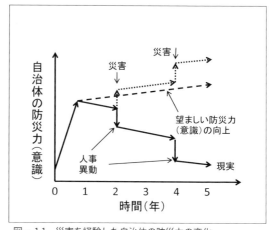

図－1.1　災害を経験した自治体の防災力の変化

　前出の見附市は、厳しい財政の中でも市長が防災行政を積極的に推進し、職員の防災意識も維持、向上させてきた。特筆すべきは、市の防災担当者（企画調整課課長補佐）が出世のための登竜門となっていることだ。前副市長は2004年当時の防災担当だったし、現副市長もいくつかの課をたばねる総務グループのグループ長兼企画調整課長を経験された。市長の近くに、防災担当経験者を何人か揃え、いつでも災害に対処できる体制をとっている。このように防災を重要視した市の運営を行える理由は、首長のリーダーシップに他ならない。

1.5　首長に必要なリーダーシップ
　2004年7月13日に新潟県を襲った新潟・福島豪雨は、死者16人、全壊70棟、半壊5,354棟、床上浸水家屋2,149棟、床下浸水家屋6,208棟

の大水害（平成 16 年新潟・福島豪雨災害）を引き起こした。この豪雨は、40 年間にわたって大水害を経験することなく、無防備な状態にあった新潟県見附市を直撃した。2002 年から見附市長となった久住時男氏は、2004 年の水害で必死の災害対応に当たったが、実践を経験していなかったためあたふたしてしまった、と当時を振り返っていた（久住　2014）。しかし、その後に久住氏のとった災害対策は、迅速、的確、かつ着実で、その後、同氏は多くの中央省庁が教えを乞う防災行政のスペシャリストに留まらず、その後は福祉のスペシャリストとなった。

　2004 年 7 月 13 日新潟・福島豪雨水害では、24 時間雨量が見附市で 323mm、見附市上流の栃尾や刈谷田ダムで 400mm を超えていた。市内を流れる刈谷田川では 4 か所、その支流の稚児清水川では 2 か所で破堤し、刈谷田川では 10 か所で越水が発生した。そもそも「見附」とは水の附く（水附）土地という意味に由来する。海や湖などに水平に堆積した地層が地殻変動によって横方向から圧縮されると、地層は波形に曲がり褶曲を形成する。褶曲の盛り上がった箇所を背斜、沈んだ箇所を向斜と呼ぶが、見附市の市街地はちょうど向斜構造に位置しており、水を集めやすい低い土地だった。

　見附市では災害対策本部を設置したが、当時は災害対策本部室（大会議室）の机の配置や災害対策本部室に入るメンバー等を知る職員は誰もいなかったのだそうだ。とにかく、避難勧告を発令し、住民の避難を最優先に広報車、消防本部や消防団による声掛けによって、避難を促した。実は、「避難勧告」という言葉もすぐには出てこず、1961（昭和 36）年の災害対策基本法制定前に使われていた「避難命令」という言葉も飛び交ったそうだ。なお、「避難勧告」は現在の避難情報には存在せず、令和 3 年から「【警戒レベル 4】避難指示」に統一されている。避難勧告発令に際しては、空振りを恐れた市幹部が発令を止めたのに対して、市長は「世の中には許される失敗と許されない失敗がある。失敗だとしても私は

許される失敗を選んだだけだ」と言い放ったのだそうだ。これが功を奏してか人的被害は軽傷6名に留まったが、被害総額は184億円に達した。

　この豪雨水害を教訓として、久住氏がもっとも力を入れたのが、①災害情報を迅速に収集して的確な意思決定をし、②その結果を迅速、確実かつ正確に住民に伝達し、③伝達された情報を住民が理解して避難行動をとる、の3点だった（鈴木　2014）。とりわけ情報伝達では、時間間隔を当時の避難3類型（当時は避難準備情報、避難勧告、避難指示）で区別するサイレン吹鳴、一斉ファックス（区長宅174、企業、福祉施設、学校、集会場、土砂災害警戒区域の登録者）を採用した。また、見附市は緊急メールの一斉配信を、警察、携帯電話会社との1年間に及ぶ交渉の末に実現した。その他、広報車、消防本部や消防団による声掛け、学校メール（市から学校へ、学校から保護者へ）、新潟放送（テレビ）・ＦＭ長岡・ＦＭ新潟によるテレビ・ラジオ放送、市ホームページ、防災無線スピーカー（音声、38か所）、そしてエリアメール（災害対応管理システムから各携帯電話会社へ一括送信）と、情報伝達方法はすでに10種類に及んでいた。

　情報を除いたひと、もの、かねの中で、久住氏がもっとも重要視したのは「ひと」だった。1市民として住民の取組みに参加して住民目線で見る目を養い、さらにプレゼンテーション能力を高めることによって、住民に正確に情報を伝えることを職員に要求した。そのため、職員は庁内の朝礼で、スピーチをするのが日課になっているのだそうだ。確かに住民が情報の内容を理解し、正しい行動をとらなければ、命を守ることはできない。

　もの、かねも重要だ。以下に洪水調整池の例を紹介する。2004年7.13水害では、毎秒1,750㎥の水が刈谷田川に流れ込んだ。河川改修により、毎秒1,550㎥の水を流すことができるようになったが、それでもまだ毎秒200㎥分の水の処理能力が不足する。そこで、刈谷田川上流に貯水量

235万㎥、面積約91ヘクタールの貯水池を建設した。工事が完了したのは2011年2月、総事業費は34億円だった。調整池と言っても大きな池を新規につくるわけではなく、上流の田んぼに洪水を一時的に誘導して貯めるもので、新潟県はもちろん、355名の地権者や地域住民の理解と協力のもとに実現した。

そして、貯水池の完成した年の7月30日、さっそく調整池の洪水調整能力が試されることとなった。2011年新潟・福島豪雨水害が発生した。この豪雨水害では新潟県内で2004年を上回る大雨を記録し、五十嵐川が三条市で再び破堤する等、2004年と同規模の災害となった。土砂災害が2004年災害に比べて倍増するほど、2011年災害の豪雨は凄まじかった。ところが、見附市内の河川では破堤は一か所もなく、家屋被害は激減した。その結果、被害総額は2004年の10%以下に抑えることができ、まさに調整池が期待した洪水調整能力を発揮したのだ。

基礎自治体は住民と直接向き合う災害対応の最前線だから、その首長には企業とは異なるリーダーシップが要求される。防災行政面から我が国の基礎自治体のリーダーに要求される能力として、筆者は以下の5点を挙げたいと思う。

①情報に基づいた迅速かつ的確な危機管理能力（少なくとも首長の職に就く前に、危機管理研修を受講することが不可欠）。
②地域住民の命を守ることを第一とし、避難行動要支援者に寄り添う施策の立案力。
③庁内の縦割りを排し、各部局、職員を一つにまとめあげる求心力。
④地域住民とのコミュニケーションのとれる職員に行動変容させる人材育成能力。
⑤積極的に新事業にチャレンジし、職員の先頭に立って実施する実行力。

災害対応は危機管理そのものだから、首長は「悲観的に備え、楽観的に行動する」という原則に従い、部下任せではなく、職員の先頭に立って陣頭指揮をとらなければならない。この能力は、実は防災だけでなく、首長に必要な政治力そのものだと思う。

　筆者は久住氏や見附市の職員、そして見附市消防本部や消防団から災害対応の実務について学び、防災のプロに利用される見附市災害対応管理システムを構築した（鈴木ほか, 2012）。それ以後、見附市を実証フィールドとして、同システムの改善を図る研究開発を通して、20年間も見附市とおつきあいさせていただいた（鈴木猛康, 2015）。もちろん、災害対応管理システムは見附市の防災実務に活用されていた。

参考文献

・中林啓修，辻岡綾（2017），退職自衛官の自治体防災関係部局への在職状況と課題　本人および自治体防災関係部局への郵送質問紙調査の分析を通して，地域安全学会論文集，No.31, p.261-270.

・鈴木猛康（2016），特別寄稿　熊本地震の教訓 熊本地震 法制化された物資供給システム機能せず，日経グローカル，292 号，pp.30-31.

・早乙女愛，沼田宗純，目黒公郎（2012），2011 年東日本大震災における緊急支援物資の数量推移に関する研究―仙台市の救援物資を事例として―，土木学会論文集 A1（構造・地震工学），Vol.68, No.4, pp. I_969-I_975.

・熊本市国際交流振興事業団（2019），多文化共生社会のあり方　～発災から 3 年、学びを未来に～，熊本地震外国人被災者支援活動報告書（第三版），https://www.kumamoto-if.or.jp/kiji003336/3_336_shiryou1_50600hhi.pdf

・田村太郎（2019），訪日外国人 4,000 万人時代の災害時対応　～外国人住民とともに進める「安心感の醸成」に向けて，自治体国際化フォーラム，No.239, pp.2-4.

・鈴木猛康（2104），2004 年と 2011 年の新潟・福島豪雨災害：防備固めた見附市長、減災に成功（事例に学ぶ自治体防災），日経グローカル，237 号，pp.64-65.

・鈴木猛康（2012），他人事では「知」にならず　経験蓄積に不断の努力を（ここが足りない自治体防災），日経グローカル，193 号，pp.52-53.

・久住時男（2014），平成 16 年の豪雨災害後に講じた対策と平成 23 年豪雨における成果，河川文化，その四十一，pp.5-46.

・鈴木猛康，津田哲平（2012），災害対応管理システムに対する定型文登録機能の開発と効果検証，土木学会論文集 F6（安全問題），Vol.68, No.2, pp.I_82-I_87.

・鈴木猛康（2015），避難情報伝達実験に基づいた情報伝達手段と情報伝達指標の関係に関する考察，災害情報，No.13, pp.48-56.

第 2 章

防災の法制度の歴史と
エピソード

2.1 中世から近世における川除普請と名主制度

　土木工学には河川工学という河川の保全と利用を扱う学術分野がある。河川工学の研究者にとって、山梨県を流れる富士川水系の治水の歴史は河川工学の原点であり、まさに山梨は我が国の河川工学の発祥の地とされている。戦国武将の武田信玄による富士川の治水事業を知る人は少なくとも、「信玄堤」は教科書で見た記憶があるのではないだろうか。武田信玄が国主となった翌年の 1542 年に、甲府盆地を大水害が襲ったようだ。例えば、富士川水系の釜無川は、甲府盆地の西を北から南へと流れているが、滝のような急流の御勅使川が西からほぼ直角に釜無川に合流していたため、豪雨のたびにこの合流部で釜無川の左岸（東側）の堤防が決壊し、甲府盆地の西半分と南半分を水没させてしまうような水害が繰り返されていた。

　石積み出しという石積みの水制工（水の流れを制する障害物）で勅使川の水の勢いを弱め、将棋頭という将棋の頭の形をした石積み構造物によって流れの方向を東へと変え、丘陵を掘削して人工水路をつくり、激流を釜無川の左岸の高岩にぶつけて勢いを減じ、さらに流れを南へと導く雄大な治水事業が、中世に行われていたことに驚かせられる。図－ 2.1 に示す霞提は、雁行状にわざと隙間を設けた不連続な堤防で、信玄堤と呼ばれている。洪水を一旦河川の両側の遊水地に貯留し、洪水が収まったら水を自然に河川に戻すことができる。水は遊水地を超

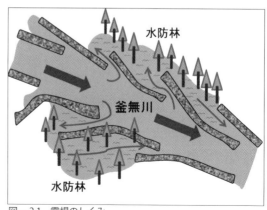

図－ 2.1　霞提のしくみ

えて溢れても、下流の遊水地へと流下するので、水害の及ぶ範囲は限定的となる。堤防が決壊し、決壊箇所から激流が居住地や農地を襲うことが最悪の事態だから、霞提はまさに減災システムと言える。

　信玄堤をはじめとする武田家による治水事業は、ハードな災害対策、すなわち「災害予防」に分類される。また、水害で破堤した信玄堤や用水路の復旧工事は、「復旧・復興」に位置づけられる。当時は、この治水事業のことを、川除普請と呼んでいた（図－ 2.2）。川除とは築堤による治水のこと、普請とは年貢と同様に労働力を提供して行われる役務（工事）のことを表す。武田信玄による川除普請の命が下されると、地域の労働力が組織的

図－ 2.2　川除普請（銅版画）

に動員され、普請が行われていたのだ。

　山梨県韮崎市の龍岡台地の岩盤を掘削して水路を通した「堀切」をはじめ、新たな人工水路を掘削した御勅使川の建設事業は、すべて手作業で行われたものである。労働者はすべて農民なのであるが（岩盤掘削には金山衆、つまり金山の鉱夫も動員されたと考えられている）、国主である武田信玄の命を受けて、村の農民を束ね、工事を請け負っているのは名主であった。いわば、名主は地域のゼネコンの役割も果たしていたと言える。農業用水路の維持管理や規模の小さな洪水による被災箇所の補修程度は、名主の指示によって村が自ら行う（自普請）。しかし、大規模な洪水によって河川施設に大きな被害が発生すると、村の（複数の）名主に川除普請の命が下り、復旧工事が行われていた。名主制度は日本の古代末期から存在していたが、名主をリーダーとした川除普請を、組織的な水防災システムとして確立させたのは武田信玄だった。なお、東日

本では名主という呼称が、西日本では庄屋と呼ばれることが多い。

　武田家が滅亡した後、名主たちは村政治の仕組みである名主制度の継続を、徳川家康に懇願したと言われている。武田家の書物は、名主の記録に至るまで焼かれてしまったようだが、名主制度の下で行われた川除普請は、武田家から徳川家へと引き継がれ、さらに明治時代まで継続されていた。筆者は
<ruby>下<rt>しも</rt>條<rt>じょう</rt>南<rt>みなみ</rt>割<rt>わり</rt></ruby>地区（山梨県韮崎市）の名主を江戸時代まで務められ

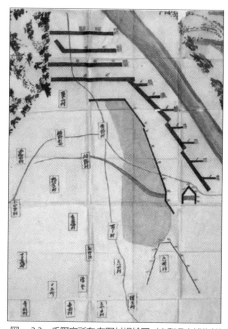

図－2.3　千野家所有 有野村堤絵図（山梨県立博物館）

た千野家の子孫である千野直一氏とおつきあいさせていただいた。江戸時代幕府の直轄領であった甲斐の国では、川除普請は代官所へ報告される。その報告の写しが名主の家に大切に保存されていた。甲斐国誌によれば、千野家は諏訪から呼び寄せられ、下條南割の名主として活躍されたそうだ。図－2.3は千野家に所蔵されていた有野村堤絵図（江戸時代、19世紀）だ。川除普請が行われると、このような美しい絵図も報告書の一部として提出され、その写しが保存されていたのだ。太い黒線が石積み出し（堤防）、右の太い青線が御勅使川を示している。右下には将棋頭も描かれているが、これが修復されて南アルプス市に現存する白根の将棋頭だ。

　本節の主題からは少し逸れるかも知れないが、千野氏から依頼されたことについて触れておこう。千野家の菩提寺「大聖寺」は、武田信玄によって付け替えられた御勅使川の左岸の丘の上にある。1392年真言宗大照

寺の名で開創され、1603 年徳川奉行連盟寺領として寄進され（420 坪、山林縦横 50 間→現在の敷地と御勅使川の間は山林）、1647 年曹洞宗大聖寺に改められた。開基は千野一族と韮崎市誌に記録されている。寺は南を向いて建っており、正面には御勅使川が流れている。これに対して現在の参道は御勅使川の左岸に沿った寺の東にある。寺の正面には石段が三段ほど残存しており、その向こうは崖となって御勅使川左岸に至る。千野氏はその階段がどうして存在するかを明らかにしたい、と筆者に依頼された。千野氏は御勅使川の川除普請についてはご存じではなかった。地形から判断すると、大聖寺の南の六科側から坂道を下るように参道があり、何段あったかはわからないがその先の階段を上がって寺の境内に入る配置となっていたと推定した。この石段は、神社、仏閣と同様に、境内につながる階段だ。御勅使川の付け替え工事において、大聖寺のある丘は人工水路掘削の延長上にあるため、土地の低い大聖寺の南を掘削したであろうことは、地形を見れば容易に想像できた。しかし、現地を視察すると、筆者にはさらに別の治水技術が見えた。

　図－2.4 をご覧いただきたい。現在は割羽沢川が大聖寺の西を流れ、御勅使川に合流している。ところが、もともと割羽沢川は大聖寺の北で大きく流れを南から東へと変え、堀切のあたりを東南方向に流れていたことが、旧地形分類図における旧河道の位置からわかったのだ。武田家による川除普請では、御勅使川上流で増水した場合、洪水を龍岡の将棋頭にぶつけ、北を流れる割羽沢川に分流させ、さらにその洪水をもう一度御勅使川と合流させてエネルギーを減じる治水を行っていたのだ。大聖寺の丘陵は、治水工事以前は北側斜面で洪水を受け止め、治水工事完了後は西と南斜面で洪水を制御する水制工の役割を担わされている。さらに割羽沢川の洪水を越流させて旧割羽沢川が流れていた低地（遊水地）に洪水が貯まると、寺は全周囲を洪水で囲まれるのだ。大聖寺は洪水をコントロールする水制工として重要な役割を果たしていた。もちろん、

現在でも大聖寺の丘は河川氾濫に対する避難場所となる。武田信玄自身が考えたか、武田家の工事奉行で武田二十四将の一人である原昌胤が考案したかはわからないが、実によく考えたものだと思う。一方、大聖寺にとっては大迷惑である。なお、大聖寺の北側には的場や矢下の地名がある。すなわち、大聖寺から北に向かって弓を射出ることを連想される地名がある。ここが要害の地形であるため、武田家の時代には士族の館を兼ねていたのではないかと言われている所以である。筆者としては、出水時に名主が農民を集め、水防に当たるための拠点であったのではないかと考えたが、その証拠は見つからなかった。

　江戸時代に入ると、米本位制をとっていた藩財政にとって、川除普請は最重要事業の一つと位置づけられた。安政東海地震（1854年）の後、日本のあちこちで内陸直下型地震が発生した。跡津川断層を震源とした1858年飛越地震（マグニチュード7程度）もその一つだった。この地震で常願寺川の上流、立山連峰の鳶山が山体崩壊し、大量の土砂が下流に供給された。常願寺川は土砂によって堰き止められ、天然ダムが形成

図ー2.4　御勅使川、旧割羽沢川ならびに大聖寺の配置

された。その後の余震によってダムが決壊し、土石流（泥洪水）が発生し、常願寺川の本流や支流の堤防が決壊した。この土石流により住宅や土蔵300棟余りが流失し、5人が死亡した。その復興工事として川除普請の計画中に近くで発生した地震によって堰が決壊し、住宅や土蔵約2,100棟が流失し、135人が死亡する大洪水が発生した。加賀藩は、検地奉行の立会い、村役人の監督の下で、常願寺川本流の要所については藩直営工事として、多額の藩の予算を投じて復興に当たった。村役人とは、名主（関西では庄屋）・組頭（くみがしら）・百姓代（ひゃくしょうだい）からなり、これらを総称して村方三役という。一方、支流では村による復興工事（自普請）が行われたが、この負担に耐えられない場合には、藩に願い出て手当てを受けている。その後も常願寺川では繰返し水害が発生し、加賀藩は本格的な川除普請を行っている。その際、川除普請によって存続させることが困難と判断された村は、村ごと移転させる措置もとられている。地震災害や水害が発生すると、加賀藩では村役人が藩米の収納状況を調査し、村の住家の被害調査を行って、全壊（潰）、半壊（潰）に応じて、藩に対して倒壊家屋の再建のための借金や貸米の要請を行う住民の救済体制が定着していた。

　戦国時代の武田家や江戸時代の加賀藩のように、度々水害に見舞われてきた地域では、災害の規模に応じて、災害予防、対応、復興を実施するための基本的な体制が整っていた。制度化されていたわけではないが、災害対応を毎年繰返し実行することによって、災害発生時に安全な行動をとり、災害に効果的な対応を行い、その後平常状態に復旧・復興する手順等を事前に準備すること、すなわち「準備」も行われていたことになる。このように、災害予防、準備、対応、復興の4つの段階による災害対策のしくみの原型が、すでに江戸時代には形成されていた。村役人による被害状況調査、被害の実態に基づいた被災者救済措置の申請、被災者の救小屋（すくいごや）（避難所や仮設住宅）、河川堤防の復旧、被災集落の移転等、川除普請は現在の災害対策につながるものと言える。

2.2　備荒儲蓄法から災害救助法まで

　我が国には奈良時代より飢餓や災害に備えて穀物の備蓄を行い、災害時に被災者に施し、公設避難小屋を開設する文化があったことが、日本書紀に記録されているそうだ。戦国時代にはこの文化が荒廃したとされているが、武田家には川除普請を通した災害対応体制は存在していた。江戸時代には、避難所、仮設住宅、被災者に対する見舞金や米配給（救米）、公共工事に被災者を従事させる被災者への現金収入保証等の支援策が定着していた。

　我が国の災害対策に関わる制度は、明治13年の備荒儲蓄法制定までさかのぼる。備荒とは「凶作や災害に備える」ことを意味し、儲蓄とは「たくわえる」ことを意味する。被災者に食料（当面の食糧を購入する費用）、小屋掛料（仮設住宅の建設費）、農具料（農具の購入費用）、種穀料（翌年の穀物の種を購入する費用）を支給し、土地や家屋を売却しなければならない被災者に対しては、地租額を補助または援助する制度だった。そのために、明治23年以降の10年間、明治政府が毎年120万円、府県が90万円以上の積立で基金を造成するというものだった。備荒儲蓄法は当初10年間で造成した基金で20年間を賄うことが予定されていたが、明治23年から風水害が度重なって基金が底をついたため10年間で廃止され、明治32年に罹災救助基金法が制定された。罹災とは、災害における被災のことを言う。この基金は都道府県に基金を設置させ、この基金からの支払額が一定条件を満たした場合、国庫から補助するというものだった（鈴木，2022）。

　罹災救助基金法は基金の設置に関する法律だったので、救助活動に関わる規定はなく、都道府県によって救助活動の内容も救援金の支給基準もまちまちだった。これに対して1946（昭和21）年12月21日に発生した昭和南海地震は、被害が複数県にわたる広域災害となった。戦後の

インフレ期であったこともあり、被災した県によって例えば被服の支給基準単価が33倍も異なる等、混乱を招いた。そこで、この地震を契機として、昭和22年に現在施行されている災害救助法が制定されることとなった。

　災害救助法は、災害に際して、国が地方自治体、日本赤十字社その他の団体及び国民の協力のもとに、応急的に必要な救助を行い、被災者の保護と社会の秩序の保全を図ることを目的としている。災害救助法はもともと厚生労働省の所管だったが、2011年東日本大震災を受けて2013年より災害対策基本法を所管する内閣府へ移管された。災害救助法による救助は都道府県知事が行い（法定受託事務）、市町村長がこれを補助することとされている。そのため、都道府県には税収入額決算額の0.5％相当額を積み立てる義務が課せられている。補助の内容は、①避難所、応急仮設住宅の設置、②食品、飲料水の給与、③被服、寝具等の生活必需品の給与、④医療、助産、⑤被災者の救出、⑥住宅の応急修理、⑦生業に必要な資金や器具の給与、貸与、⑧学用品の給与、⑨埋葬、⑩その他、死体の捜索及び処理、住宅又はその周辺の土石等の障害物の除去等がある。救済に要する費用は都道府県が支弁するが、その支払金額に応じて最大で90％を国庫で負担する。災害救助法による救助は、災害により市町村の人口に応じた一定数以上の住家の滅失がある場合や一定数以上の住民の身体等への被害が生じた場合に行うこととされている。したがって、災害時に都道府県には、市町村の被害状況を早期に把握し、その結果に基づいて災害救助法適用の判断を行い、救助活動を迅速に開始することが求められる。

2.3　伊勢湾台風と災害対策基本法

　伊勢湾台風とは、1959（昭和34）年に発生した超大型台風・台風15号のことだ。台風の中心気圧は我が国観測史上4番目の929hPa（ヘク

トパスカル）で、九州を除く本州から北海道にかけて被害は広範囲に及んだ。犠牲者の発生範囲も全国36都道府県に及び、犠牲者数は台風災害としては我が国最多の5,098人となった。犠牲者の83％が愛知・三重両県の伊勢湾岸に集中したため、伊勢湾台風と命名された。この台風による建物被害は、全壊35,125戸、半壊105,347戸、流失4,486戸にのぼった。また、経済的被害は約7,000億円で、これはGDP比11％に相当し、GDP比では1995年阪神淡路大震災の5倍以上、東日本大震災の3倍以上だったとされている（品田, 2013）。

　名古屋地方気象台は、潮岬に上陸し、紀伊半島を縦断して北上する台風15号の経路を正確に予報していた。ところが、伊勢湾岸の海抜0メートル地帯の住民は、この台風をほとんど警戒しておらず、多くの住民は避難しなかった。ほとんどの自治体は避難勧告や命令も出しておらず、これが被害を拡大させた要因の一つと言われている。停電のため、当時の緊急連絡手段だったラジオを聞くこともできないため、何ら情報を得ることができず、住民は豪雨と強風の恐怖の中、自宅で台風が早く過ぎ去ってくれるのを祈るしかなかった。ところが低気圧による吸い上げと強風による吹き寄せによって、伊勢湾では5.3mという記録的な高潮が発生した。

　濃尾平野の西南部は、低湿地に木曽三川（木曽川、長良川、揖斐川）が流れており、しばしば洪水の被害を受けてきた。そのため、水害から守るため集落や耕地の周囲を堤防で囲んだ輪中堤が形成されていた。輪中での水害とは上流部の堤防の一部分の決壊を意味しており、決壊部以外では堤防はほぼ無傷のまま残ることになる。したがって、輪中の集落の多くは堤防上に立地していたし、堤防が決壊したら安全な堤防へと避難していた。輪中における水防体制も整っていた。河川の水位が堤防の五合目に達すると見張り番が立ち、七合目になると村中の鐘や太鼓が打ち鳴らされ、家財道具が天井裏等へと移動され、さらに八合目に達する

と早鐘や屋太鼓が鳴り響いて、成人男性は全員水防小屋へ招集された。

　ところが、輪中は高潮には余りにも無防備だった。防波堤を越え、河川を遡上しながら河川堤防を越えた海水は、多くの護岸や堤防を破壊させながら輪中堤に襲いかかり、至る方向から輪中堤を決壊させて、集落や耕地を飲み込んだ。さらに、名古屋港の貯木場の材木の大群が高潮に乗って市街地を襲ったため、脆弱な構造だった木造住宅はつぎつぎと破壊されて流失した。その結果、愛知県で 3,351 人、三重県で 1,211 人の犠牲者を出す大惨事となった。

　この台風の被害は甚大かつ広域に及んだため、救援、復旧のために全国から多くの応援部隊がやってきた。ところが、複数の応援部隊の指揮者や責任の所在、費用負担、また復旧工事における就業者の日当が県によって異なる等、この広域災害は様々な問題を提起することになった。そもそも、災害予防、準備、対応、復興といった我が国の災害対策の全般を包括する体制、すなわち体系化が整っていなかった。

　伊勢湾台風による未曾有の被害によって、わが国の防災対策は根本から見直しを迫られることになった。災害のない社会をどうしたら実現できるかといった議論が日本国中で沸き起こった。警報の伝達や避難情報発令を担うべき主体、関係機関の連携、自衛隊の災害出動、自治体の災害復旧費に対する国の補助割合のあり方、治水対策など、難問が山積していた。伊勢湾台風の復興に中心的に関わったのは、当時の岸内閣の科学技術庁長官・中曽根康弘氏（当時 41 才）だった。中曽根氏は臨時台風科学対策委員会の委員長に就き、被災から 2 週間後の 1959 年 10 月 9 日には臨時台風科学対策委員会を設置し、防災のための立法措置を示唆した。災害対策に関する基本法をつくるべきという点では、与野党ともにほとんど異論はなかったようだが、具体的内容になると与党と野党、国と地方、各省庁間で考え方に大きな隔たりがあった。折からの 60 年安保騒動もあり、議論は一時棚上げになってしまったが、1960 年チリ

地震による津波災害が後押しとなり、1961（昭和36）年1月に「災害対策基本法」が公布されるに至った。

　この災害対策基本法の成立により日本における防災対策の骨格がようやく形成されることとなった。また、東京をはじめとする全国各地の防潮堤・堤防の建設や改修も伊勢湾台風を基準として行われた。伊勢湾台風を契機として、従来の防災体制の不備を正し、総合的かつ計画的な防災行政体制の整備を図るための災害対策に関する基本を定める一般法として、1961（昭和36）年に災害対策基本法が制定された。

　災害対策には、災害予防、準備、対応、復興の4つの段階がある。災害救助法の守備範囲は、この中の「対応」の一部、すなわち被災者の救助に関する具体的な補助内容と費用措置を定めている。図ー2.5に主な法制度とその所管官庁を災害対応の4つの段階ごとに整理した（鈴木,2012）。災害対策基本法は我が国の災害対策の全般を体系化する一般法という位置づけなので、4つの段階を点線で結びつけるものと言える。「災害予防」と「復興」は、各省庁の管理する河川、森林等の施設、つまりハードに対する法制度で、管理施設を災害から予防し、被災した

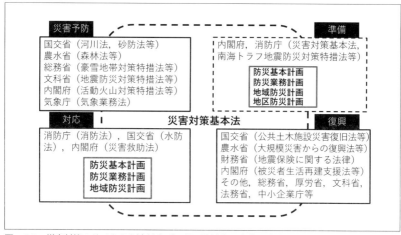

図ー2.5　災害対策のサイクルと法制度（一部の法律名は文字を省略して表記）

場合は速やかに復興させることを規定している。ところが、「準備」については、災害対策基本法に基づいた国の防災基本計画、中央省庁の防災業務計画、都道府県、市町村の地域防災計画、そして住民の自発的活動に基づく地区防災計画制度以外には法制度がないという実状にある。「対応」では、消防法、水防法、災害救助法という法制度があるが、所管官庁がすべて異なっており、地方自治体の具体的な対応はやはり地域防災計画が基本となる（鈴木，2012）。

　災害対策基本法の制定によって、様々な機関・組織が発令していた「避難命令」が廃止され、市町村長に「避難勧告」と「避難指示」という避難情報を発令する権限が与えられた。避難勧告は避難を開始する行動を、また避難指示は避難しそびれた住民が避難を急ぎ、あるいは避難を完了する行動を求める避難情報だった。現在は避難勧告と避難指示は「【警戒レベル4】避難指示」に統一され、住民に危険な場所から全員が避難することを求める避難情報とされている。

2.4　被災者生活再建支援金制度とその成り立ち

　1990年11月17日の水蒸気爆発から始まった長崎県雲仙普賢岳の火山噴火は、溶岩噴出、降灰、溶岩ドーム成長、溶岩ドーム崩壊による約6,000回にわたる火砕流、その後の度重なる土石流によって、島原市ならびに深江町に甚大な被害をもたらした。とくに、1991年6月3日の大火砕流は、火山研究者で写真家のクラフト夫妻、報道関係者16人、消防団員12人を含む計44人の尊い命が失われる大惨事となった。しかし、この災害が、被災者生活再建支援の契機となったり、災害ボランティアの先駆けとなったりしたことは余り知られていない。被災者の生活再建を行政が公費を用いて直接支援することは、私的財産の形成に資する公費の支出は許されない（私有財産の保全は自己責任が原則）、公的支出は公共のためにしか許されない（公平性・公共性の原則）という行政

法の原理（行政法理）から、1998年までは行われていない。以下では、雲仙普賢岳火災災害から学ぶ被災者生活再建支援について説明する（鈴木，2013a）。

　雲仙普賢岳の火山災害では、火砕流や土石流が繰返し発生した。島原市は1991年6月7日、深江町は6月8日に災害対策基本法第63条を適用し、表－2.1に示す警戒区域を設定し、約1万人の住民に対して長期にわたる居住地や農地への立ち入りを禁止した。この措置によって、多くの命が救われた一方で、被災地の住民の不満も募ることとなり、住民は個人補償を求めるようになった。被災地を訪問した当時の首相・海部俊樹氏が島原市長に対して、「いよいよのときは特別立法ででも対処する」と発言したことから、被災地の住民は警戒区域設定による経済的損失、家屋などの財政的損失を公費によって補填できる特別立法を要望するようになった。そこで、長崎県は政府に「災害に強いまちづくり、経済的補填を求めた特別立法」と「災害対策基金の設置」を求める要望書を提出した。

表－2.1　警戒区域に居住していた住民の世帯数と人数

市町名	世帯数	人数	備考
島原市	2,028	7,134	警戒区域、19町
深江町	868	3,601	警戒区域、4地区
計	2,896	10,735	

　衆議院災害対策特別委員会では、「警戒区域の設定により、強制的に自分の土地から退去させられている。この異例の事態に対して、何らかの形で個人補償をするための法改正、特別立法をする意思はあるか」との委員の質問に対して、国土庁長官は「災害対策基本法第63条に基づく警戒区域の設定による立ち入り制限は、住民の生命、身体の安全を確保するためのものであり、究極的には住民自身の利益になる権利制限である。したがって、これに伴う不利益は受忍すべき範囲のものであり、憲

法第 29 条の損失補償をすべき特別の犠牲ではない」と答弁している。
やはり、私有財産の保全は自己責任が原則、公平性・公共性の原則、と
いう行政法理の壁を崩すことはできず、立法化への道は開かれなかった。

　そこで、長崎県は「災害対策基金の設置」に絞って、政府と交渉を続
けることとなった。島原市出身の弁護士の福崎博孝氏は、その際、災害
による個人財産の損失補償について、被災者の将来の生活再建支援とい
う公的保障であって公的補償ではないという「こじつけ」とも言える論
理によって政府を説得したと綴っている（福崎，2005）。その結果、地
方自治体が基金という間接的な事業形態によって、被災者に助成金を直
接支給する救済・支援事業を行うという範囲であれば、政府はこれを許
すこととなった。個人の損失補償ではなく、災害対策、被災者の救済と
いう観点から住民等の自立復興を支援するというのは詭弁であって、明
らかに公的補償なので、この基金が我が国の公費による被災者生活支援
の先駆けということになる（福崎，2005）。

　財団法人雲仙岳災害対策基金は 1991 年 9 月に設立された。図－ 2.6
に示す同基金の仕組みを見ていただくと、基金には 2 つの種類があるこ
とがわかる。ひとつは長崎県からの出捐金（しゅつえんきん）と貸付金を運用した利息で支

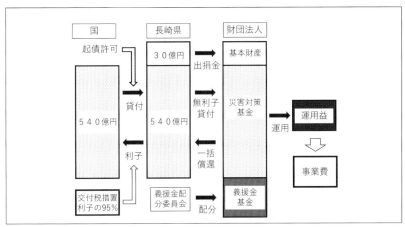

図－ 2.6　雲仙岳災害対策基金の仕組み

援事業を実施する行政基金で、もうひとつは、全国から寄託された総額
233億円の義援金の一部60億円を積み立てて運用した利息およびこれ
を取り崩した元金により、支援事業を実施する義援金基金だ。長崎県か
らの貸付金は、国による起債補償を受けた上で大蔵省資金運用部から貸
付を受けたもので、5年間据え置き元金一括償還方式、年利は280億円
分が6.3％、残りの260億円が5.5％とされた。この償還利子の95％が、
地方交付税措置として国によって補填されたので、間接的ではあるが個
人財産の公費による損失補償と言えるわけだ。

　基金の運用益、すなわち事業費の大部分は、国によって利子が補填さ
れたことによって得られたもので、基金の当初の運用利率が7％で、ほ
ぼ交付税額と事業費は等しく、その後次第に運用利率が低下し、運用益
が交付税額を下回り、事業費が国による公的補填そのものとなった。普
賢岳災害対策基金はその後増額されて1,090億円となった。基金事業と
しては、被災した個人や事業者に対して行政による支援制度ではカバー
できない部分を現金支給や、融資や借入に伴う利子補給や保証金を支給
する等、2012年3月に全額償還を終えるまでの間に、73種類、274億
4,800万円の基金事業が実施された。避難住宅家賃助成、就職奨励金支給、
被災求職者常用就職支度金支給、といった個人補償とともに、避難家畜
牧草助成、被災営農施設等再開助成、商工業施設再建時等助成、と言っ
た事業主に対する補償等、被災地域の実状に応じたきめ細やかな再建支
援を可能とした。地域社会は地域住民や地域の産業によって成り立って
いる。したがって、地域住民や地域の産業の復興なしには地域の復興は
ありえない。災害対策基金は、被災者の生活を再建し、地域社会を守ろ
うした政府と自治体の知恵の産物で、その後の災害でも「復興基金」が
設立され、地域社会の復興を支援している。

　1995年1月17日5時46分、淡路島北部の地下17kmを震源とする
内陸直下地震（兵庫県南部地震、M＝7.3）により、死者6,434人、行

方不明 3 人、負傷者 43,792 人、全半壊建物総数約 25 万棟、被害総額約 10 兆円の被害が発生した。人口の密集した大都市で発生したこの都市型災害は、阪神淡路大震災と命名された。この災害で集まった義援金は 1,860 億円で、1991 年雲仙普賢岳火山災害の義援金 233 億円の約 8 倍であった。しかし、被災者の数が余りに多かったため、雲仙普賢岳火山災害や 1993 年北海道南西沖地震災害で 1 世帯当たり 1,000 万円以上の義援金が配分されたのに対して、この災害では建物が全壊した世帯でも 55 万円の配分にとどまった。上述の復興基金（阪神・淡路大震災復興基金）は 1995 年 4 月には設立され、12 月から運用を開始した。高齢者の多い密集市街地を直撃した阪神淡路大震災では、とくに高齢者の救済と地域の復興のあり方をめぐって、改めて被災者に対する公的補償に係る議論が巻き起こった。

　自民党・社民党・さきがけの与党 3 党国会議員が「日本を地震から守る国会議員の会」を結成し、住宅再建支援の検討を行う旨の附則条項が明記された被災者生活再建支援法案（与党案）をまとめた。また、新進党・民主党・太陽党の野党 3 党が「阪神・淡路大震災の被災者に対する支援に関する法案」（野党 3 党案）を国会に提出し、さらに、田英夫議員ら超党派の国会議員が「災害弔慰金法の改正法案」（市民立法案）を国会に提出した。しかし、いずれも 1997 年 6 月に廃案となった。当時の総理大臣・村山富一氏は衆参本会議において、個人補償制度の創設を求める質問に対して、「自然災害により個人が被害を受けた場合には、自助努力による回復が原則である」と、被災者の生活再建を行政が公費を用いて直接支援することを否定する答弁を行っている。

　1997 年 7 月には、全国知事会が「地震等自然災害による被災者の自立再建を支援する災害相互支援基金の創設に関する決議」を採択し、その創設を政府に要請した。同年 12 月に野党が前記野党 3 党案と市民立法案を国会に再提出し、翌 1998 年 4 月から国会での実質的審議が開始

された。国会ではこれら2法案と前記与党案の一本化に向けた協議が行われ、各会派の合意により「被災者生活再建支援法案」が共同提出された。同法案は1998年5月14日の参議院災害対策特別委員会の議論を経て、翌5月15日に被災者生活再建支援法として成立し、同年11月に施行された（八木，2007）。

参議院災害対策特別委員会で当時の国土庁長官・亀井久興氏は、「公的支援としての現金給付は、都道府県が拠出した基金を活用して行い、それに国が財政支援するものである。したがって、個人の財産損害を国が補償するという考え方には基本的に立っていない」、「間接的に基金を通じて国の資金が給付されることになるので、間接的とはいえ公的に個人に現金が支給される道を開いていただいたと受けとめている」と答弁している。

被災者生活再建支援法は、自然災害によりその生活基盤に著しい被害を受けた者に対し、都道府県が相互扶助の観点から拠出した基金を活用して被災者生活再建支援金を支給するための措置を定めることにより、その生活の再建を支援し、もって住民の生活の安定と被災地の速やかな復興に資することを目的とする、と謳っている。表-2.2に被災者生活再建支援金の支給額一覧をまとめている。住宅が全壊した世帯、および住宅が半壊して大規模な補修を行わなければ居住することが困難（大規模半壊）な世帯に対し、住宅の被害程度、世帯人数、住宅の再建方法に応じて、最大300万円までの支援金が支給される。

制度発足当時は、被災者の生活再建のために必要な生活用品の購入等に要する経費を対象として限度額100万円が支給されていたが、2004年の改正により、全壊世帯で最高200万円の居住関係経費の支給を追加することになった。さらに2007年の改正で従来の「生活関係経費」と「居住関係経費」の区分が撤廃され、被災者生活再建支援金は住宅の被害程

度に応じて支給する「基礎支援金」と、住宅の再建方法に応じて支給する「加算支援金」に再編されるとともに、使途の限定をしない定額渡し切り方式となり、収入、年齢要件も撤廃された。

　対象となる災害は、市町村において 10 世帯以上の住宅全壊被害が発生した場合や都道府県において 100 世帯以上の住宅全壊被害が発生した場合が基本となるが、その適用範囲は広域的に散在している場合にも柔軟に対応できるように 2014 年に改正されている。図－ 2.7 は被災者生活再建支援制度の仕組みを示している。相互扶助の支援金の支払い事務を行う被災者生活再建支援法人として財団法人都道府県会館が指定されている。47 都道府県が拠出した基金（600 億円）と基金の運用益、そして国からの補助金から、被災者の申請に応じて支援金が支払われる。国は支援金の 1/2 を補助することになっている。

表－ 2.2　被災者生活再建支援金の支給額一覧

区分	基礎支援金 (住宅の被害程度)	加算支援金 (住宅の再建方法)		計
①全壊 (損害割合 50%以上)	100 万円	建設・購入	200 万円	300 万円
②解体		補修	100 万円	200 万円
③長期避難		賃借 (公営住宅を除く)	50 万円	150 万円
④大規模半壊 (損害割合 40%台)	50 万円	建設・購入	200 万円	250 万円
		補修	100 万円	150 万円
		賃借 (公営住宅を除く)	50 万円	100 万円
⑤中規模半壊 (損害割合 30%台)	－	建設・購入	100 万円	100 万円
		補修	50 万円	50 万円
		賃借 (公営住宅を除く)	25 万円	25 万円

世帯人数が一人の場合は、各該当欄の金額の 3/4 の額

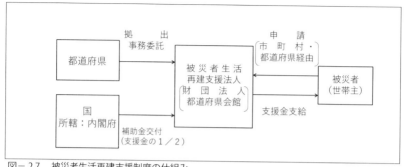

図－2.7　被災者生活再建支援制度の仕組み

　被災者生活再建支援法が施行された後の 2000 年 10 月鳥取県西部地震の際、鳥取県は被災者に対して市町村を通じて住宅の建設に 300 万円、住宅や石垣・擁壁の補修に 150 万円の補助を行い、その後、この被災者住宅再建支援制度を条例化した。今では多くの県が独自の支援制度を設け、被災者生活再建支援法の適用条件を満たさない災害に対しても支援できる枠組みを導入している。また、県独自の支援の内容によっては、国は支援金支給額の 1/2 を特別交付税によって都道府県に補填する仕組みがある。

2.5　災害弔慰金制度とその成り立ち

　1967 年 8 月 26 日〜 29 日の集中豪雨によって、山形県と新潟県下越地方を中心に河川氾濫、土石流が多発し、死者・行方不明 146 人、全半壊家屋 3,000 棟以上、床上浸水約 27,000 棟、床下浸水約 56,000 棟の羽越水害が発生した。この水害で新潟県亀田町の佐藤隆氏は父母と 2 人の息子を失った。佐藤氏の父親は新潟県選出の参議院議員を務めていた。佐藤氏は、父親の急死に伴って行なわれた参院補欠選挙に自民党公認で出馬して初当選を果たし、以後、自然災害における遺族救済の法制化に取り組むことになった。本節では、佐藤氏が 6 年の歳月を経て 1973 年に成立させた「災害弔慰金の支給に関する法律」について、その制定プ

ロセスと、東日本大震災の教訓に基づいた同法律の改正を中心に紹介した
い（鈴木，2013b）。

　災害弔慰金の支給に関する法律は、災害により死亡した者の遺族に対
して支給する災害弔慰金、災害により精神又は身体に著しい障害を受け
た者に対して支給する災害障害見舞金及び災害により被害を受けた世帯
の世帯主に対して貸し付ける災害援護資金について規定している。災害
弔慰金、災害障害見舞金の支給額は、表− 2.3 に示す通りとなっている。
生計維持者（自活できる方）とそれ以外（被扶養者等）で支給額が異な
る。災害弔慰金の支払い対象となる遺族とは、配偶者、子、父母、孫及
び祖父母並びに兄弟姉妹となっており、この順位で対象遺族が決定され
る。後述するが、「並びに兄弟姉妹」が追記されたのは、2011 年東日本
大震災を契機とした法律改正によるものだ。費用負担は、災害弔慰金、
災害障害見舞金ともに国が 1/2、都道府県 1/4、市町村 1/4 となってい
る。一方、災害援護資金は、世帯主負傷の期間、家財、住宅の被害程度
に応じて、図− 2.8 に示すように最高 350 万円の貸付を受けることがで
きる。利率は年 3％、据置期間は 3 年、償還期間は 10 年となっている。
費用負担は国 2/3、都道府県および政令指定都市 1/3 となっている。

表− 2.3　災害弔慰金と災害障害見舞金の支給額

種別	被災度	被災者分類	支給額
災害弔慰金	死亡	生計維持者	500 万円
		上記以外	250 万円
災害障害見舞金	重度の障害	生計維持者	250 万円
		上記以外	125 万円

　羽越水害の発生した 1967 年より、弔慰金や見舞金について、強制加
入の共済制度も含めて法制度化の検討が行われたが、議論の前進は見ら
れなかった。ところが 1972 年に衆議院の「災害対策の基本問題に関す

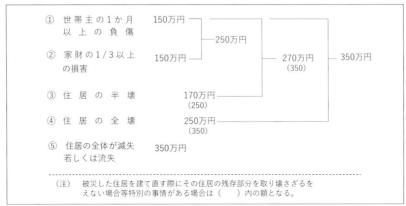

図— 2.8　災害援護資金の貸付額

る小委員会」がまとめた「災害弔慰金構想案」を、天野光晴小委員長が
災害対策特別委員会に報告したところ、政府側の砂田重民・総理府総務
副長官が「どこにも苦情を持って行き難いこと、人命の損失への弔慰金
であること、相互扶助による拠出が難しいことなどから、国が補助する
ことは、十分に意義がある」と述べ、政府として取り組むことが表明さ
れた。政府は、この構想発表に伴い、同年10月に「市町村災害弔慰金
補助制度要綱」を発表し、これを同年6月1日以降の災害にさかのぼっ
て適用した。この制度では、被災した市町村が死亡者の遺族に災害弔慰
金を支給した際、10万円を限度に国が1/2、都道府県が1/4を補助する
という内容だった。

　その翌年の1973年、前出の佐藤隆氏が小委員長を務める自民党の「桜
島等の火山活動による災害及び個人災害等の対策に関する小委員会」が、
住居、家財などの物的損失に対する災害援護資金の貸し付けと、弔慰金
の引き上げを盛り込んだ「災害弔慰金の支給及び災害援護資金の貸付け
に関する法律案」を参議院災害対策特別委員会に提出した。同法案は同
年8月に参院本会議で、9月に衆院本会議で可決され、成立することとなっ
た。佐藤氏の著書「自然災害に対する個人救済制度（佐藤,1982）」には、

自然災害による個人救済の法制度化に関する6年間にわたって行われた国会の災害対策委員会のやり取りが克明に記録されている。この法案により、弔慰金は50万円以内に引き上げられた。災害弔慰金の限度額は、その後5回にわたって引き上げられ、1991年雲仙普賢岳噴火災害を契機として現行の500万円となった。また1982年に災害障害見舞金の支給を行うための法改正が行われた。

　2011年東日本大震災の被災地の弁護士に、「病を抱えていた無職の弟を、同居して同世帯で十数年間扶養してきたが、津波で自宅が被害を受け弟が亡くなった。ずっと家族として扶養してきたのに、弔慰金が出ないのはおかしい（60代の男性）」、「二人暮らしであった弟は津波にのまれて亡くなった。両親を亡くし弟と二人で同じ飯を食って生計を一緒にして暮らしてきたのに、遺族として扱われないことが悔しい。その上、善意で集められた義援金まで行政の線引きで自分のところに届かないのは納得できない（40代の男性）」といった相談が寄せられた。その弁護士は、これらの情報を全国の弁護士にメールで知らせた。その結果、2013年6月、日本弁護士連合会は、そもそも民事法の法定相続人、生計を一にする兄弟姉妹に弔慰金を支給する自治体が存在し、横浜市や甲府市といった県庁所在都市に加えて東日本大震災の被災地である東松島市，栗原市等も兄弟姉妹への支給を定めている、等を理由として、災害弔慰金の支給等に関する法律等の改正を求める意見書を、政府、政党、被災地の自治体に提出した。そして、2013年8月の法改正に至った。実は、1995年阪神淡路大震災でも同じ不合理が指摘され、議員立法の提案が行われたが廃案となっていたのだった。ITの普及による情報流布のスピードが、法改正を後押ししたのかも知れない。

2.6　地震保険制度と誕生のエピソード

　1964 年 6 月 16 日新潟沖の海底を震源とする M7.5 の新潟地震が発生した。東京オリンピックの開催される年ということもあり、家庭で普及し始めていましたカラーテレビを通して、多くの国民が地震による被災地の惨状を初めて見ることとなった。信濃川左岸の県営川岸町アパートがゆっくりと倒れる映像を、筆者は今でも鮮明に覚えている。新潟地震が世界を驚かせたのは、砂地盤の液状化現象による多くの建物の損壊だった。この地震を契機として、我が国の地震保険制度が創設されることとなった。本節では新潟地震より、地震保険に関する法律制定の経緯を紹介しながら、我が国の地震保険制度について説明する（鈴木，2013c）。

　1964 年新潟地震では 26 人が犠牲となり、全壊家屋 1,960 棟、半壊家屋 6,640 棟、浸水家屋 15,298 棟の被害が発生した。浸水家屋の数が多いのは、液状化により地表に大量の水が湧き出し、さらに沿岸部で津波の襲来を受けたからだ。新潟出身の衆議院議員・田中角栄氏は、当時 44 才ながら大蔵大臣の要職に就いていた。田中氏は地震発生直後に被災地を視察し、被災地の惨状を目の当たりにした。そして、地震被害を補償する保険制度が無いことを問題視し、損害保険会社に対して被災者への見舞金を要請するとともに、損害保険会社だけでなく政府も保険金の支払いを保証する法律に基づいた災害保険制度の早期創設の必要性を訴えた。

　地震保険が誕生した 1966 年当時、日本の地震リスクの高さと国力の規模を鑑み、再保険を引き受ける保険会社などなかった。再保険とは、リスクの分散・平均化のため、保険会社が引き受けた保険金額の一部ないし全額を、他の保険会社や政府に引き受けてもらうことを言う。日本の保険会社が地震保険という巨大なリスクを引き受けるというのは、余りにも無謀だった。そこで、田中大臣の命を受けた大蔵省は、日本国政

府が再保険を引き受けることを決断した。

　たまたま新潟地震発生当時、衆議院大蔵委員会で保険業法の一部を改正する法律案が審査中だった。地震発生3日後に保険業法改正法案を可決するに当たり、災害保険制度創設に向けた付帯決議が行われた。その後、田中大臣の諮問を受けた保険審議会が、地震保険制度の検討結果をとりまとめ、翌年4月に大蔵大臣に答申した。この答申に沿って、政府、損害保険業界ともに準備を始め、1966年5月18日「地震保険に関する法律」および「地震再保険特別会計法」が公布、施行され、同年6月1日に関係政令や関係省令もそれぞれ公布、施行されて、同日各損害保険会社により地震保険が発売された。政府の再保険に基づいた公的な地震保険制度設立では、我が国はニュージーランドの1994年、米国の1996年より約30年早く、我が国は地震保険先進国と言える。

　地震保険の発足当初、保険の契約限度額は建物が90万円、家財が60万円、しかも火災保険の契約金額の30%が上限で、全損の場合のみの補償となっていた。普通の火災保険には付けることができず、当時の住宅総合保険または店舗総合保険（併用住宅の場合）に強制的に付ける形でのみ契約できるという制約が付いた。地震保険は、取扱保険会社が異なっても、補償内容、保険料ともに一律とされている。損保会社が破たんしても、地震保険契約により支払われる保険金が影響を受けることもない。なお、保険会社の利益はない。

　地震保険は地震・噴火またはこれらによる津波を原因とする火災・損壊・埋没または流失による損害を補償する地震災害専用の保険であり、地震保険の対象は居住用の建物と家財に限定されている。火災保険では、地震を原因とする火災による損害や、地震により延焼・拡大した損害は補償されない。地震保険は、火災保険に付帯する方式での契約となるので、火災保険への加入が前提となる。地震保険は、地震等による被災者の生活の安定に寄与することを目的として、民間保険会社が負う地震保

険責任の一定額以上の巨額な地震損害を政府が再保険することにより成り立っている。しかしながら、想定外に巨額の保険金支払いが生じても保険金は確実に支払われる必要がある。そのため、個々の契約には種々の制限が設けられている。

地震保険の対象は居住用建物・生活用家財に限られる。事業用の建物や什器備品、現金や有価証券等、あるいは30万円を超える貴金属や宝石、骨とう品などのぜいたく品は保険金支払いの対象外だ。設定できる地震保険金額についても、火災保険金額の30％〜50％の範囲内かつ建物は5,000万円、家財は1,000万円までが上限となる。

地震保険料は、文部科学省の地震調査研究推進本部が作成する「確率論的地震動予測地図」を基礎として算出される。地震保険の保険料は都道府県、建物の構造という2つの要素に、建物の築年数や耐震性ごとに一定の割引が適用される仕組みになっている。都道府県については、地震が発生する危険性に加え、地震発生時の被害の大きさなどを考慮し、リスクの高い地域ほど保険料が高くなっている。保険料のもっとも高い東京都や神奈川県は、もっとも低い島根県や鳥取県の約3.7倍に設定されている。また、建物の構造については、木造（非耐火構造）の建物と、鉄骨・コンクリート造（耐火構造）の建物で保険料が異なり、木造の方が高く設定されている。

東日本大震災では約78万件、1兆2,000億円を超える保険金が支払われ、被災者の生活を支えた。住宅ローンが残っているため、新たにローンを組まなければならない二重ローンは、被災者の再建にとって大きな障害となる。被災者生活再建支援金は最大で300万円で、災害援護資金の貸付額も最大で350万円にとどまるので、地震保険は被災者の生活再建にとって、自助として大きな役割を果たす。自治体の災害対策として、家具の転倒防止と同様に、地震保険へ必ず加入していただきたい。

参考文献

- 鈴木猛康（2012），わが国災害対策法制に開いた穴「災害への準備」手薄なまま発生時の対応と一元化を（ここが足りない自治体防災），日経グローカル, 197 号, pp.54-55.
- 鈴木猛康（2013a），雲仙普賢岳災害と対策基金：公費による私財保障に踏み込む（事例に学ぶ自治体防災），日経グローカル, 217 号, pp.50-51.
- 鈴木猛康（2013b），阪神淡路大震災と被災者生活再建支援法：国の資金、個人に渡し切りの道開く（事例に学ぶ自治体防災），日経グローカル, 218 号, pp.52-53.
- 鈴木猛康（2013c），新潟地震、東京五輪の年に発生：一律保険料の地震保険誕生（事例に学ぶ自治体防災），日経グローカル, 232 号, pp.46-47.
- 鈴木猛康（2022），9.3 法制度，改訂 防災工学，理工図書，pp.295-308.
- 福崎博孝（2005），自然災害の被災者救済とわが国の法制度 〜被災者生活再建支援法の成立ちを中心として〜，災害予報，220, pp.58-63.
- 品田誠司（2013），災害後の起業家活動 ─なぜ、大災害の発生が起業家の増加を引き起こすのか？─，VENTURE REVIEW, No.22, pp.47-57.
- 八木寿明（2007），被災者の生活再建支援をめぐる論議と立法の経緯，レファレンス，平成 19 年 10 月号，国立国会図書館調査及び立法考査局, pp.31-48.
- 佐藤隆（1987），自然災害に対する個人救済制度［改訂版］，中央法規出版.

第3章

防災気象情報で
　氾濫状態の日本

3.1 防災気象情報が増え続ける理由を考える

　第1章では、西日本豪雨の際に倉敷市真備町在住の住民が、「避難指示が発表されていたことは知っていたが、特別警報が発表されていなかったので、まだ避難しなくてよいと思った。」と答えことを紹介し、避難情報と特別警報の違いが理解されていないことに言及した。以下では「顕著な大雨に関する情報」が避難情報の理解を妨げている例を紹介し、防災気象情報の氾濫について解説したい。

　2023年6月5日にフジテレビの番組「めざまし8」では、台風2号の通過に伴う豪雨災害を特集して番組が構成されていた。このテレビ番組では、テレビ画面の右上に【史上初　6県で11回も発生「線状降水帯」甚大被害】のテロップを出して、線状降水帯について解説していた。しかし、史上初とは言っても線状降水帯の発生を知らせる「顕著な大雨に関する情報」が運用されるようになったのは、2021（令和3）年6月からのことだ。わずか2年間の歴史しかないのに、「史上初」という言葉は使うべきではないと違和感を覚えた。線状降水帯の発生が地球温暖化による異常気象の顕在化と誤解されかねない。線状降水帯という専門用語は、2017年九州北部豪雨災害を契機として盛んに用いられるようになったが、線状降水帯がこの豪雨で初めて発生したわけではなく、この豪雨で初めて注目されたに過ぎない。1,000mにも満たない低空で線状降水帯が発生していたので、気象の専門家が驚いた。線状降水帯の定義は学者と気象庁で異なるし、未だに発生メカニズムが十分解明されているわけでもない。

　この番組で交わされた社会学者と気象予報士との会話は以下のようだ。「警戒レベルの5段階が多すぎる、3つくらいでいいのではないか、注意報と警報と何とか」と社会学者が発言すると、気象予報士もそれに同調して、「警戒レベル1なんかは何も起こっていない状態ですからね」と

言葉を返した。これには頭を傾けざるを得なかった。警戒レベル 1 は早期注意情報（警報級の可能性）、2 は注意報でともに気象庁が発表、3 からは市町村が発令する避難情報だ。避難情報は高齢者等避難、避難指示、緊急安全確保の 3 段階しかないのだ。テレビ出演が多く、国民に認知されているような社会学者ですら理解していなかった避難情報について、この機会に視聴者に解説してあげるのがテレビ（気象予報士）の役割ではなかっただろうか。

　自主避難を促すための防災気象情報の種類が余りにも多くて住民に理解しがたいがために、住民の避難にとってもっとも大切な避難情報がかき消されているのではないかと思うのだ。言い方を変えれば、防災気象情報の氾濫によって避難情報が埋もれてしまっている。気象庁の発表する防災気象情報の一部を、気象庁のホームページ（2023）の記述のまま以下に①〜⑩にまとめた。

① 台風情報：台風が発生すると、台風の位置、強さ、大きさの実況や予報に関する台風情報を発表します。詳しくは「台風情報」の解説をご覧ください。

② 気象警報・注意報：大雨や強風などによって災害が起こるおそれのあるときは「注意報」を、重大な災害が起こるおそれのあるときは「警報」を、さらに、重大な災害が起こるおそれが著しく大きいときは「特別警報」を発表して注意や警戒を呼びかけます。詳しくは「気象警報・注意報」の解説をご覧ください。また、特別警報については「特別警報について」もご覧ください。

③ キキクル（大雨・洪水警報の危険度分布）：大雨警報、洪水警報、記録的短時間大雨情報等が発表されたとき、あるいは、雨が強まってきたときなどに、土砂災害、低地の浸水、中小河川の増水・氾濫といった災害発生の危険度の高まっている場所を、5 段階に色分け表示された地図で確認できます。詳しくは「キキクル（警報の危険度分布）」

の解説をご覧ください。

④ 気象情報：気象警報・注意報の発表に先立って1日～数日程度前から注意・警戒を呼びかけたり、気象警報・注意報の発表中に現象の経過、予想、防災上の留意点等を解説したりするために「気象情報」を発表します。詳しくは「気象情報」の解説をご覧ください。

⑤ 記録的短時間大雨情報：大雨警報を発表中に、その都道府県において数年に一度程度しか発生しないような短時間の大雨を観測したり解析したりした場合に「記録的短時間大雨情報」を発表します。詳しくは「記録的短時間大雨情報」の解説をご覧ください。

⑥ 土砂災害警戒情報：土砂災害警戒情報は、大雨警報（土砂災害）の発表後、土砂災害の危険度がさらに高まったときに、対象となる市町村を特定して警戒を呼びかける防災情報で、都道府県と気象庁が共同で発表します。避難にかかる時間を考慮して、2時間先までの土壌雨量指数等の予想を用いています。土砂災害警戒情報が発表されたときには、土砂キキクル（大雨警報（土砂災害）の危険度分布）によって詳細な危険度分布を把握できます。詳しくは「土砂災害警戒情報・土砂キキクル（大雨警報（土砂災害）の危険度分布）」の解説をご覧ください。

⑦ 指定河川洪水予報：防災上重要な河川について、河川の増水や氾濫に対する水防活動の判断や住民の避難行動の参考となるように、国が管理する河川は国土交通省水管理・国土保全局と気象庁が、都道府県が管理する河川は都道府県と気象庁が、共同で指定河川洪水予報を発表しています。詳しくは「指定河川洪水予報」の解説をご覧ください。

⑧ 解析雨量：解析雨量は、国土交通省と気象庁が全国に設置している気象レーダーと、アメダス及び自治体等の地上の雨量計を組み合わせて、雨量分布を1km四方の細かさで解析したものです。解析雨量を利用すると、雨量計の観測網にかからないような局地的な強雨も把握することができます。詳しくは「解析雨量」の解説をご覧ください。

⑨ 今後の雨（降水短時間予報）・ナウキャスト（雨雲の動き・雷・竜巻）：今後の雨（降水短時間予報）は、解析雨量をもとに 15 時間先までの各 1 時間雨量を予報したもので、今後数時間の大雨（集中豪雨）の動向を把握して、避難行動や防災活動に利用することができます。雨雲の動き（高解像度降水ナウキャスト）は最新の雨量の実況分布をもとにした予報で、目先数十分の強い雨（局地的大雨）で発生する水害などに対して、迅速な防災活動に利用することができます。詳しくは「降水短時間予報」の解説及び「高解像度降水ナウキャスト」の解説をご覧ください。

⑩ 顕著な大雨に関する情報：大雨による災害発生の危険度が急激に高まっている中で、線状の降水帯により非常に激しい雨が同じ場所で実際に降り続いている状況を「線状降水帯」というキーワードを使って解説する情報です。この情報は警戒レベル相当情報を補足する情報です。警戒レベル 4 相当以上の状況で発表します。3 時間の解析雨量や雨雲の形などから「線状降水帯」の発生を判断し気象情報として発表します。

　お気づきの方も多いと思うが、詳しくは「ｘｘｘｘ」の解説をご覧ください、と記述されている。この解説ページを見ると、気象用語をふんだんに用いて、気象庁がそれぞれの情報を発表する基準や手法が解説されている。しかしこれらの解説は、一般の国民が理解するにはハードルが高いように思う。上記の防災気象情報の中の②，③、④、⑥、⑦は、後述する警戒レベル相当情報に位置づけられている。

　気象情報が充実すると、避難に関する情報取得を待つことにより、かえって避難のタイミングが遅れることにつながることがある。あるいは、災害情報の取り扱いを含めて、自分自身の防災行動を行政機関や専門家に委ねてしまう傾向がある。矢守（2013）は、これらは災害情報が豊富に存在するがゆえに、また、それが充実してきたがゆえに、かえって災

害情報によって解消しようとしていた当の問題の解決（早期の自主避難等）が遅れるという共通したパラドックス、と説明している。

3.2　気象警報・注意報そして特別警報

　気象警報・注意報とは、大雨、暴風、大雪などによって発生する災害の防止・軽減のため、気象庁によって事前に発表される情報と定義されている。警報は重大な災害が発生するおそれがあるとき、注意報は災害が発生するおそれがあるとき発表される。発表の具体的基準については、気象庁が市町村ごとに過去の災害の発生履歴を考慮して、雨量、風速、積雪量などの数値として設定している。特別警報は予想される現象が特に異常なため重大な災害が起こるおそれが著しく大きく、「ただちに命を守る行動をとることを促すこと」を目的として発表される情報とされている。表－3.1に気象警報・注意報等の分類と発表の基準、種類をまとめた。

　特別警報は、2011年東日本大震災における大津波警報や2013年台風12号における気象警報の発表が、市町村長による避難勧告・指示の発令や、住民自らの迅速な避難行動に結びつかなかったとの反省から、災害発生の危険性が著しく高いことを伝える情報として、2013年8月に運用が開始された。発表の具体的基準は、数十年に一度という極めて希で異常な現象を対象として基準値を設定している。表－3.2に示すように、数十年に一度の降雨量が予想されなくても、2012（平成24）年7月九州北部豪雨クラスの豪雨のように、過去の対象事例に相当する現象が予想される場合は発表されることがある。本文には「これまでに経験したことのない大雨になっている」というような表現が加えられることが多い。ただし、特別警報の認知度が決して高いとは言えず、また特別警報発表のタイミングの遅れや未発表により、必ずしも命を守る行動に結びつかないことがある。

表－ 3.1　気象警報・注意報等の分類と発表の基準、種類

分類	発表の基準	種類
特別警報	予想される現象が特に異常なため、重大な災害が起こるおそれが著しく大きい	大雨（土砂災害、浸水害）、暴風、暴風雪、大雪、波浪、高潮
警報	重大な災害が発生するおそれがある	大雨（土砂災害、浸水害）、洪水、暴風、暴風雪、大雪、波浪、高潮
注意報	災害が発生する恐れがある	大雨、洪水、強風、風雪、大雪、波浪、高潮、雷、融雪、濃霧、乾燥、なだれ、低温、霜、着氷、着雪

表－ 3.2　特別警報の基準と過去の対象事例

現象の種類	想定している基準		過去の対象事例
大雨	台風や集中豪雨により数十年に一度の降雨量となる大雨が予想され、もしくは、数十年に一度の強度の台風や同程度の温帯低気圧により大雨になると予想される場合		平成 24 年 7 月九州北部豪雨（死者行方不明者 32 人）
地面現象（土砂災害）			平成 23 年台風第 12 号（死者行方不明者 98 人）
暴風	数十年に一度の強度の台風や同程度の温帯低気圧により	暴風が吹くと予想される場合	昭和 34 年伊勢湾台風（死者行方不明者 5,000 人以上）
高潮		高潮になると予想される場合	昭和 9 年室戸台風（死者行方不明者 3,000 人以上）
波浪		高波になると予想される場合	
大雪	数十年に一度の降雪量となる大雪が予想される場合		昭和 56 年豪雪（死者・行方不明者 152 人）昭和 38 年 1 月豪雪（死者・行方不明者 231 人）
暴風雪	数十年に一度の強度の台風と同程度の温帯低気圧により雪を伴う暴風が吹くと予想される場合		

3.3　避難情報の変遷

　災害対策基本法では、災害が発生し、又は発生するおそれがある場合には、市町村長に避難情報を発令する権限を付与している。市町村長は、第60条「市町村長の避難の指示等」ならびに、第56条「市町村長の警報の伝達及び警告」に従い、災害時には関係機関からの情報や自ら収集した情報等により、的確に判断を行い、躊躇することなく避難情報を発令し、速やかに居住者等に伝えなければならない。なお、避難とは、立ち退き避難することではなく、身の安全を守る行動を意味している。

　近年、豪雨災害が激甚化している。市町村が避難情報を発令しても、立ち退き避難しない住民が多く、その結果、多数の犠牲者が発生している。避難率が低い理由として、避難情報が住民に十分理解されていないことが調査によって明らかになったことから、内閣府では求める行動が理解しやすい避難情報への名称変更や、警戒レベルを用いた避難情報の簡略化・明確化を目指している。その結果、2021年5月から表－3.3に示す避難情報が運用されている。避難情報は3類型で、それぞれの冒頭に後述する警戒レベル3～5を、つぎに警戒レベルに対応した高齢者等避難、避難指示、緊急安全確保発令を伝達し、そして具体的な対象地名や発令の理由、住民に求める行動等が伝達される（鈴木, 2022）。

表－3.3　避難情報と住民に求める行動

避難情報	住民等に求める行動
【警戒レベル3】高齢者等避難	高齢者等は危険な場所から避難する。
【警戒レベル4】避難指示	危険な場所から全員が避難する。
【警戒レベル5】緊急安全確保	直ちに安全確保

　高齢者等避難は、高齢者等以外の人も、必要に応じて出勤等の外出を控えるなど普段の行動を見合わせたり、避難の準備をしたり、自主的に

避難を開始することを求めている。避難指示は、避難を開始し、完了することを求めている。ただし、避難とは、立ち退き避難（水平避難）することだけではなく、2階以上の高層階へ移動し（垂直避難）、身の安全を守る行為（屋内安全確保）を含んでいる。浸水の想定されない土地であれば、外出しないで自宅にとどまることも避難行動なのだ。

　緊急安全確保は、既に河川氾濫が発生している、あるいは発生している恐れがあるような場合に発令され、指定緊急避難場所等へ立退き避難することがかえって危険となるため、各自ができる限り身の安全を守る行動をとること求めている。身の安全を守る行動には、上階へ移動、上層階に留まる、崖から離れた部屋に移動、近隣に高く堅牢な建物があり、かつ自宅・施設等よりも相対的に安全だと自ら判断する場合に移動、などの避難行動が例示されている。しかし、市町村が緊急安全確保を発令するための判断材料を入手できるとは限らないので、【警戒レベル5】緊急避難確保は発令されない場合もあることに留意する必要がある。緊急安全確保が発令されている災害発生・切迫の状況では、身の安全を守る行動をとったとしても身の安全を確保できるとは限らない。

　表－3.4に市町村長の発令する避難情報の変遷をまとめている。1961年の災害対策基本法制定によって、様々な機関・組織が発令していた「避難命令」が廃止され、市町村長に「避難勧告」と「避難指示」という避難情報を発令する権限が与えられた。避難勧告は避難を開始する行動を、避難指示は避難しそびれた住民が避難を急ぎ、また避難を完了する行動を求める避難情報とされていた。したがって、切迫性については避難指示のほうが高いので、市町村ではまず避難勧告を発令し、危機が迫ってくると避難指示に切り替える、というように、2段階で避難情報発令を行ってきた。ただし、勧告と指示のどちらの強制力が強いかについては、住民の間で理解が曖昧であったことは否定できない。

表－3.4　近年の避難情報発令に関する変遷（鈴木，2022）

年	1961	2005	2016	2019	2021
避難情報の種類	－	避難準備情報	避難準備・高齢者等避難開始	【警戒レベル3】避難準備・高齢者等避難開始	【警戒レベル3】高齢者等避難
	避難勧告	避難勧告	避難勧告	【警戒レベル4】避難勧告	【警戒レベル4】避難指示
	避難指示	避難指示	避難指示（緊急）	【警戒レベル4】避難指示（緊急）	
	－	－	－	【警戒レベル5】災害発生情報	【警戒レベル5】緊急安全確保

　2004 年は前線の停滞、10 個の台風上陸などにより、豪雨災害による多くの犠牲者が発生した。逃げ遅れて犠牲者となる多くが高齢者や障がい者などの災害弱者であったことから、避難情報に「避難準備情報」が加わり、避難指示、避難勧告、避難準備情報が避難情報の 3 類型と呼ばれるようになった。市町村には高齢者などの要配慮者の名簿作成が義務づけられ、避難準備情報発令によって要配慮者の避難を支援する体制構築が求められた。

　2016 年台風 10 号で岩手県岩泉町の小本川（おもとがわ）が氾濫し、高齢者グループホームを濁流が襲って入所者 9 人が犠牲となった。その際、グループホームの管理者は避難準備情報が発令されていることは知っていたが、それが要配慮者にとっての避難開始を意味する情報とは認識していなかったことがわかった。そこで、2017 年の避難情報に関するガイドライン（内閣府）では、避難準備情報が避難準備・高齢者等避難開始へと名称変更された。また、避難指示も避難指示（緊急）へと名称変更され、避難指示が避難勧告よりも緊急を要する避難情報ということを明確化した。

　2018 年には、平成 30 年 7 月豪雨（西日本豪雨）によって多くの犠牲者が発生した。多くの住民が避難情報の 3 類型を理解していなかったことが確認され、前述の通り、避難しなかった理由を、「避難指示発令は知っていたが、特別警報が出るまで避難しなくてよいと思った。」と説明する

住民もいた。このように、毎年のように新たに創出される防災気象情報
と避難情報の区別がつかない住民がいたことも明らかになった。そこで、
2019 年の避難情報に関するガイドラインでは、豪雨災害における避難
情報には、警戒レベル 3、4、5 を冒頭に付し、緊迫度を数字で表すこ
とによって、住民による理解を高めることとした。ここで、避難勧告と
避難指示（緊急）は、同じ警戒レベル 4 に位置づけられた。また、警戒
レベル 5 として災害発生情報が加えられた。これらの警戒レベルは、洪
水においては氾濫発生情報とも関連づけられる。

　さらに 2021 年 5 月より、避難勧告と避難指示（緊急）が避難指示に
統一され、【警戒レベル 4】避難指示となって、危険な場所から全員避難
する行動を求めることとなった。また、警戒レベル 5 は災害発生情報か
ら緊急安全確保へと変更され、警戒レベル 4 までの間に必ず避難するこ
とを求めている。

　表－ 3.5 は洪水予報が市町村に求める避難情報発令基準を示してい
る。2006 年の避難勧告等の判断・伝達マニュアル作成ガイドラインで
は、避難勧告発令の目安として避難判断水位が設定されていたが、2014
年のガイドラインでは避難勧告発令の目安となる水位が氾濫危険水位へ
と修正された。したがって、氾濫危険情報によって市町村は避難勧告を、
氾濫発生情報によって避難指示（緊急）を発令することが求められた。
2021 年のガイドラインでは、洪水予報は警戒レベル相当情報とされた
ため、相当する警戒レベルに合わせて表の右欄のように整理された。市
町村長は洪水予報に加え、河川管理者や気象台より洪水時の水位上昇速
度、降雨や雨域の状況を確認し、さらに堤防の状況などを踏まえて、避
難情報発令の判断を行っている。なお、水位周知河川の特別警戒水位に
ついても、氾濫危険水位相当の水位として設定され、避難指示発令の目
安とされている。

表－3.5　洪水予報と市町村に求める避難情報発令基準の関係（鈴木，2022）

危険度レベル	警戒レベル相当	洪水予報の種類	市町村に求める避難情報発令基準		
			2006	2014	2021
5	5	氾濫発生情報	（氾濫発生）	避難指示（緊急）	緊急安全確保
4	4	氾濫危険情報（氾濫危険水位）	避難指示	避難勧告	避難指示
3	3	氾濫警戒情報（避難判断水位）	避難勧告	避難準備・高齢者等避難開始	高齢者等避難
2	2	氾濫注意情報（氾濫注意水位）	避難準備情報		

3.4　避難情報と防災気象情報との関係

　2021年避難情報に関するガイドライン（内閣府）では、住民は「自らの命は自らが守る」意識を持ち、自らの判断で避難行動をとるとの方針が示されている。この方針に沿って自治体や気象庁等から発表される情報を用いて住民がとるべき行動を直感的に理解しやすくなるように、5段階の警戒レベルを明記して防災気象情報が提供されることとなっている。警戒レベル1と2は気象庁が発表し、警戒レベル3～5は市町村が発令することとなっている。

　表－3.5に示した洪水予報は、気象庁と河川管理者（国土交通省あるいは都道府県）が共同で発表する情報で、市町村が避難判断の目安とする情報だ。洪水予報と同様に、気象庁と都道府県が共同で発表する土砂災害警戒情報も、市町村の避難指示発令の目安となる防災気象情報に位置づけられる。これらの防災気象情報は、市町村による避難情報よりも先に発表され、気象庁単独で発表する気象注意報・警報、特別警報、そして危険度分布（キキクル）とともに、住民の自主避難を促す役割を果たすことが期待されている。したがって、気象災害に関わる防災気象情報は、警戒レベルとの関係で整理され、表－3.6に示すように、警戒レベル相当情報と位置づけられている。【警戒レベル4】避難指示のように警戒レベルを付した避難情報が住民の間に浸透すれば、警戒レベル4相

当の土砂災害警戒情報は、市町村からの避難指示を待たずして、自主避
難が行われることが期待できる。このように、防災気象情報には警戒レ
ベルが関連付けられ、広く広報されることとなっている。

表－ 3.6　警戒レベルと警戒レベル相当の防災気象情報

警戒レベル	避難情報	気象庁等の発表する防災気象情報	警戒レベル相当
5	緊急安全確保	・大雨特別警報 ・氾濫発生情報	5 相当
〈警戒レベル 4 までに必ず避難！〉			
4	避難指示	・土砂災害警戒情報 ・危険度分布（キキクル） 「非常に危険」（うす紫、紫） ・氾濫危険情報 ・高潮特別警報 ・高潮警報	4 相当
3	高齢者等避難	・大雨警報（土砂災害） ・洪水警報 ・危険度分布（キキクル） 「警戒」（赤） ・氾濫警戒情報 ・高潮注意報	3 相当
2		・危険度分布（キキクル） 「注意」（黄） ・氾濫注意情報 ・大雨注意報 ・洪水注意報 ・高潮注意報	2 相当
1		・早期注意情報（警報級の可能性）	1 相当

　3.2 節で紹介した⑤記録的短時間大雨情報や⑩顕著な大雨に関する情
報は、この表には記載されていないので警戒レベル相当情報ではなく、
警戒レベル相当情報を補完する情報とされている。記録的短時間大雨情
報は、観測史上第 1 位の 1 時間雨量 187mm が観測された 1982 年長崎
大水害をきっかけとして、1983 年から運用されるようになった防災気
象情報だ。記録的短時間大雨情報は、大雨警報発表中に現在の大雨がそ
の地域にとって土砂災害や浸水、中小河川の氾濫につながるような、稀

にしか観測されない雨量であることを知らせるために発表される。一方、顕著な大雨に関する情報が発表される基準は、3時間の解析雨量が100mm以上になっている範囲が500㎢以上あることや、その領域の形状が「線状」であることなどと決められている。ただ、台風本体の雨雲が近づいた時など、「線状降水帯」とは言えない状況でも発表されることがある。前述のテレビ番組では、まさに台風が太平洋沖を通過する影響で発生していた線状降水帯を話題として取り上げていたのである。

　どちらも、短時間大雨が観測された時点、あるいは線状降水帯が確認された時点で発表される。長崎県気象台は2022年7月18日に記録的短時間大雨情報と顕著な大雨に関する情報を同時に発表した。どちらも地域住民に豪雨災害への警戒を強く促す情報と位置づけられている。さらに特別警報が発表され、避難情報（【警戒レベル4】避難指示や【警戒レベル5】緊急安全確保）が発令されると、住民はどのように判断するのだろうか。このような状況では、避難情報がかき消されてしまっても不思議ではないだろう。

3.5　避難スイッチの観点から見た防災気象情報

　矢守（2018）は、住民自らが避難のタイミングを決めるための事象を、避難スイッチと定義している。避難する当事者が自分なりの避難スイッチを設定し、市町村や気象台からの情報に基づいて受動的に避難を判断するよりも、自分でスイッチを押すという構図が重要との観点から、避難スイッチの概念が形成された。矢守・竹之内（2018）は、「スイッチ」の設定にあたっては、専門機関から提供される防災気象情報のみならず、地域住民が自ら観察可能な現象や歴史災害の事例など、広範な情報を活用することを重要視している。また、今後数十年先の防災・減災を見据えた場合、防災気象情報本体の高度化よりも、「スイッチ」に資する情報の多様化・複線化が重要と述べている。

　近所を流れる河川の水位があるレベルに達する、あるいは低地で浸水が始まるなど、住民が避難を開始する単純明快なサインとできるものは、避難スイッチとなりやすい。しかし、土石流災害に対する避難では、地下水位や土壌水分量は現地の土中に計測機器を設置しない限り実測できないため、現地で視覚的な避難スイッチを探すのは難しい。また、現地で沢の増水や斜面からの湧水、小石の落下などの土砂災害の前兆現象を確認する行為は極めて危険だ。そこで、筆者は、土砂災害発生の逼迫度を表示するチャートを避難スイッチとして提案した。

　そもそも防災気象情報は、警戒レベル相当情報であれ、警戒レベル相当情報を補完する情報であれ、住民の自主的な避難を促す避難スイッチとしての役割を担っている。避難指示発令の権限は、特別な状況下では警察官、海上保安官、水防管理者にも与えられるが、基本的には市町村長にある。気象庁は気象の専門家集団であるが、気象庁には住民に直接避難を促す権限はない。したがって、過去の豪雨災害を教訓として、気象庁は異常な気象現象を伝えようと、特別警報、記録的短時間大雨情報や顕著な大雨に関する情報、キキクル等の防災気象情報を、修正を含めると毎年のように創出している。このように防災気象情報を伝達したい気象庁と単純明快な避難スイッチを求める住民の間の意識の相違が、防災気象情報の氾濫を招いているように思えるのだ。気象庁には気象情報を提供する義務があり、その義務を果たそうと努力することは大いに評価できるのだが、気象情報の受け手である住民の立場に立った情報の提供方法という点では、もう一工夫が必要ではないかと思うのだ。

　筆者は大学での講義、外部での講演、研修を担当してきたので、避難情報や防災気象情報に変更が行われるたびに、講義、研修資料を修正し、新たに内容を追加して対応してきた。そのたびに、変更についてどのように説明しようかと悩んだ。解説を読んでも十分理解できない部分があったり、あるいは内容に曖昧なところが散見されたりしたからだ。気象庁

のホームページを読めば、さすがに筆者は内容を理解できるが、その説明に数々の気象用語が使われていることを勘案すると、一般の住民が理解するにはハードルが高すぎるのではないかと感じている。さらに、気象には線状降水帯のようにメカニズムが十分に解明されていない研究途上の現象がまだ多い。筆者は気象学を少々かじったから、その難しさがわかる。ちなみに、筆者は防災工学の教科書を発刊しているので、毎年のように改正される避難情報に関するガイドラインや手引き、そして新たな気象情報に対して、教科書の訂正が間に合わず、筆者の頭を悩ましてきた。結局、『防災工学』（2018）に加筆、修正した教科書は、第2版ではなく『改訂 防災工学』（2022）として出版することとなった。

　一方、ほとんどの住民は気象学を学ぼうと考えたりはしないだろう。身の安全を守りたいがために、気象情報に注目する。だから皆さんは、メディアがさかんに使う気象用語のうち、特別、記録的、線状降水帯等の異常を示す言葉に反応しがちだ。線状降水帯は結構な割合で国民が知っており、使っている。ただし、ほとんどの国民は線状降水帯の定義までは知らない。それで良いのではないかと思う。強い雨を降らせる雨雲が長時間にわたって同じ地域に停滞する、というだけで豪雨災害の発生を想起させる。特別警報も覚えやすかったようだ。その結果、避難情報の存在が薄れてしまっているのではないだろうか。

3.6　将来の防災気象情報に対する期待

　気象庁の防災業務計画（防災計画）では、気象庁における防災業務の主要な任務について、以下のように定義している。防災関係省庁、地方公共団体等の防災機関が行う防災対応や国民の自主的防災行動に資するための防災気象情報を適時・的確に発表し、防災関係省庁、都道府県等の防災機関に伝達するとともに、これらの機関を通じて市町村に提供し、並びに市町村や報道機関等を通じて住民に提供することにより、災害に

よる被害の防止・軽減を図ることである。そのため、気象庁は防災気象
情報の迅速かつ確実な発表及び伝達、流言飛語等による混乱の防止、防
災知識の普及啓発、防災気象情報の内容に対する理解の促進等を図るた
め、平常時から適宜情報交換を実施する等により防災関係省庁等との連
携体制を整備するものとする。

　ここで、国民の自主的防災行動（例えば自主避難）に資するための防
災気象情報は、市町村や報道機関等を通じて住民に提供されることになっ
ている。ところが、市町村を通して国民に提供されることは少なく、ほ
とんどは報道機関から直接、テレビ、ラジオ、インターネット等を介して、
防災気象情報は発表とほぼ同時に、場合によっては市町村による避難情
報よりも早く、国民へ伝達される。当初は市町村の避難判断のためにつ
くられた防災気象情報だったが、良かれと思ってメディアを介して国民
に直接、迅速に流すようにしたので、もはや防災気象情報は国民へ直接
届く情報と捉えなければならない。ところが、防災機関と国民に伝える
情報は同一のままだ。そもそも防災機関へ伝える情報は専門用語を用い
た方が正確に伝わるだろうが、国民へ伝える情報はもっと理解しやすい
平易な表現とするべきではなかろうか。さらに気象庁等の発表する防災
気象情報は、避難情報と紐づけられている警戒レベル相当情報とされて
いるので、さらに混乱が生じる厄介な存在となっている。

　一方、避難情報を発令する市町村は、防災気象情報と現地の雨の降り
方や発生している事象を勘案して、避難を促す避難情報に置き換えて市
町村民に伝達しようとしている。したがって、防災気象情報は、何より
も国民の自主避難に有効に働く避難スイッチとするための工夫、すなわ
ち「わかりやすさ」が求められる。「わかりやすさ」とは、「特別」とか
「記録的」といった恐怖心をあおる枕詞を置くことではない。ピクトグラ
ムに代表されるように、一目でわかる表現を工夫することなのだ。その
ためには、ユーザーである国民を対象とした意識調査を入念に行わなけ

ればならないと思う。若者にも高齢者にも受け入れられる「わかりやすさ」が求められるからだ。

　つぎに要求されるのはローカル性だ。天気は全国レベルで予報しなければならないが、防災気象情報はローカルであればあるほど、住民は我が身に起こること、すなわち我が事と捉える。例えば、土砂災害の危険度を表示する土砂キキクルは、1kmの分解能で表示される。この1kmメッシュが気象庁の提供するもっとも分解能の高い気象情報ということになる。土砂キキクルの入力データとされる解析雨量の分解能が1kmメッシュなのだ。雨量レーダーによる推定雨量を地上でのアメダス観測点（約17km間隔）によって補正した解析雨量は、1kmの分解能を有するものの、1kmの解像度を有しているわけではない。さらにキキクルは、1kmの分解能で危険度を表示するが、隣り合うメッシュと比べて最大を表示するので、実際の分解能は3kmということになる。土砂災害警戒区域の指定は狭い区域では幅が数十〜数百メートルの範囲だし、一般的に山地に降る雨は平地よりも多く、平地に対して山地では1.3〜1.8倍だったという統計解析の結果もある（山田ら，1995）。筆者も山梨県西桂町でリアルタイム雨量観測を行い、東西の山麓で2kmしか離れていないのに、山地と平地で雨量観測結果に2.6倍の相違があったことを確認している（鈴木，2022）。町の職員は、土砂キキクルでは周囲がすべて同じ色なので、参考にしにくいと嘆いていた。

　うちの裏山の土砂災害発生危険度は住民の避難スイッチになるだろうが、それが市町村単位で発表される土砂災害警戒情報となると、地区住民が避難スイッチとして受け入れるか否か不安を感じる。解像度の低い土砂災害警戒情報を、さらに分割して地区ごとの分解能の情報（土砂キキクル）として見栄えだけを変えたとしても、周囲のメッシュもすべて同じ色の表示となっているわけで、ほとんど効果がないことは容易におわかりいただけるだろう。そもそも、情報の解像度そのものを高めるこ

とが必要ではないかと思う。全国の天気予報には不要かも知れないが、ローカルな防災気象情報こそが、精度を高めるのみならず地区住民による情報の受容性を高めるからだ。センサーや IT が高度化するとともに安価で提供されている今日、ローカルな防災気象情報は、安価な気象センサーを活用し、民間の気象会社の手を借りて伝達する時期に来ているのではないかと思う。

　日本全域をカバーする広域な防災気象情報と、地区内の局所的な防災気象情報とに分けて、広域な情報は気象庁が中心となり、我が地区の情報は気象庁に限らず民間気象会社が観測と情報提供の両方を実施できるように、環境が整備されることを期待する。また、こうしてつくられた防災気象情報が、避難スイッチとして活用されるように、市町村が地区住民に寄り添って、地区防災計画が策定され、実施されることを期待したい。

　2023 年九州北部豪雨では、7 月 9 日〜 10 日にかけて九州北部で線状降水帯が発生し、福岡県、佐賀県、大分県で河川氾濫や土砂災害が多発した。2012 年、2017 年に続いて 2023 年にも発生したわけだから、ほぼ 5 年の周期で豪雨災害が発生している。大雨特別警報と顕著な大雨に関する情報が発表され、多くの市町村で【警戒レベル 5】緊急安全確保が発令された。大雨特別警報は数十年（50 年程度）に一度の大雨に対して発表される防災気象情報とされているが、九州北部ではもはや 5 年に一度の大雨になってしまった。だからと言って、特別警報のさらに上位の「超特別警報」や「極特別警報」などはつくらないでいただきたい。「特別警報が発表されていることは知っていたが、極特別情報が発表されていないから、まだ大丈夫だと思った。」などと誤解した住民が、犠牲となってはいけないと思う。

参考文献

・気象庁ホームページ（2023），防災気象情報とその効果的な利用，
　https://www.jma.go.jp/jma/kishou/know/ame_chuui/ame_chuui_p8.html

・鈴木猛康（2022），改訂 防災工学，理工図書 .

・矢守克也（2013），巨大災害のリスクコミュニケーション　災害情報の新しいか
　たち，ミネルヴァ書房

・矢守克也（2018），空振り・FACP モデル・避難スイッチ：豪雨災害の避難につい
　て再考する，消防防災の科学，134 号，pp.7-11.

・矢守克也，竹之内健介（2018），マイスイッチ・地域スイッチ，2017 年九州北部
　豪雨災害調査報告書，京都大学防災研究所，pp.99-102.

・山田正，日比野忠史，荒木隆，中津川誠（1995），山地流域での降雨特性に関す
　る統計的解析，土木学会論文集，No. 527/II-33, pp.1-13.

第4章

地区防災計画

4.1 地区防災計画制度の誕生

　自助とは、自分自身で自分の身や家族の身を守る個人あるいは世帯単位の防災力と定義される。一方、共助は隣近所、町内会、自治会、事業所などの単位で取り組む防災力、そして公助は国、自治体など行政による公的防災力と定義される。構成員である個々の世帯の防災対策が欠如すると、共助は成り立たないので、共助とは地域コミュニティの防災力に他ならない。一方、市町村は災害対応の最前線となって、災害情報に基づいて救急・救助を行い、避難情報の発令を行う。このような災害対策基本法で定める公助を、住民が代替することはできない。しかし、地域コミュニティによる避難所運営、安否確認の実施に基づく救助活動、要救助者の発見・連絡等は、共助と公助の連携によって地域防災力を大いに向上させる。自助・共助・公助を互いに結んで連携を示す模式図はよく見るが、本来の自助・共助・公助の連携は、図－4.1 のように表すべきだと筆者は考えている（鈴木，2011）。

　2011年東日本大震災では、土地の陥没、道路の途絶等によって、多くの集落が公的な支援が全く入らない孤立状態となった。孤立した集落では地区住民が助け合い、食料を持ち寄って公民館などで炊き出しを行いながら、公的支援が入るまで住民が協力して生活し、生き残ることができた。大災害においては、一定期間は公的な防災力

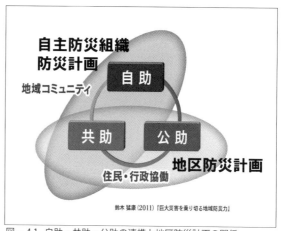

図－4.1　自助・共助・公助の連携と地区防災計画の関係

（公助）が行き届かないことから、共助の大切さが改めて認識されたのだ。その教訓を踏まえて、平成25年の災害対策基本法では、地区居住者等が共同して市町村防災会議に対して、市町村地域防災計画に地区防災計画を定めることを提案することができること、が加えられた。これを受けて、地域コミュニティにおける共助による防災活動の推進の観点から、市町村内外の一定の地区の居住者及び事業者（地区居住者等）が行う自発的な防災活動に関する地区防災計画制度が新たに創設された（平成26年4月1日施行）。市町村地域防災計画に提案された地区防災計画が定められた場合は、当該地区防災計画に係る地区居住者等は、当該地区防災計画に従い、防災活動を実施するように努めなければならない。

　国、都道府県、市町村、中央省庁等の指定行政機関や国立研究開発法人、ライフライン・エネルギー・運輸・流通等の大手企業である指定公共機関には、防災に関する計画を作成し、それを実施するとともに、相互に協力する等の責務が課せられている。ところが国民には、①備え：食品、飲料水その他の生活必需物資の備蓄その他の自ら災害に備えるための手段を講ずる、②防災活動への参加：防災訓練その他の自発的な防災活動へ参加、③教訓の伝承：過去の災害から得られた教訓の伝承、という3つの努力義務が規定されているに過ぎない。市町村の総合防災訓練が計画されると、市町村は対象となる地区の住民に訓練への参加をお願いする。災害対策本部設置訓練の内容を地元の放送局や新聞社に取材してもらい、市町村の首長や職員の災害対応の様子が報道される。このように住民は自治体にお願いされて自治体の防災活動を手伝い、報道によって自治体の防災業務を目にするのに慣れてしまう。その結果、防災は行政の仕事で、災害時には行政が何とかしてくれる、役所が住民の生活をすべて守ってくれる、と誤解してしまうのではないだろうか。地区防災計画は、市町村との連携の下で進める地区住民の推進する自発的かつ地区居住者の意向が反映されるボトムアップ型の計画である（西澤・筒井,

2014）とともに、市町村の地域防災計画の一部となるため公的な権利をもつ点でも、その効果に大いに期待する（室崎ほか, 2022）。まさに、住民・行政協働で大災害を乗り切る防災・減災対策として期待される。

　地区防災計画作成に当たっては、専門家による解説やアドバイスの重要性が指摘されている。地区防災計画は他地域の先進事例をお手本にしてコピーすれば良いものでは決してない。しかし、ハザードマップで色塗りがされていないから安全と思い込んでしまったり、良かれと思って決めた避難路が実は安全ではなかったりすることがある。また、ファシリテーション能力の不足から、地区住民の意見をまとめきれないこともある。防災は避難や災害弱者の支援といった誰にでもわかる正しい行為であり、一見当たり前の簡単なことに見えるかもしれないが、住民の命に関わる重要なことなので、やはり専門的知識や経験は欠かすことができない。他地域で参考になる事例や先進的な技術や方法を、いわば「風の役割」として地区に吹き込むのも専門家の役目と言える。なお、専門家とは行政関係者や学識経験者のことを意味する。

　地区防災計画の特質としては、①地域密着性：地域の実態に即した計画、地域の資源を活用した計画、②創意創発性：構成員の意見やアイデアが活かされる計画、③専門技術性：専門的な技能や科学的知見に裏付けられた計画、④自律規範性：自ら進んで実行する計画、⑤官民連携性：行政に認められた公的な計画、行政が後押しする計画、の5点が挙げられている（室崎ほか, 2022）。

4.2　自主防災組織と地区防災計画

　1995年1月17日に発生した兵庫県南部地震は、死者6,434人、行方不明者3人、負傷者43,792人という深刻な被害をもたらし、阪神・淡路大震災と命名された。住家については、全壊が約10万5千棟、半壊が約14万4千棟と記録されている。人口の多い都市型災害であった

ために被災者が多く、消防、警察などの公助が大幅に不足した。その結果、倒壊した家屋から救助された被災者のうち7割は家族によって、2割は隣近所によって救出され、消防や警察などの公助によって救出された被災者は1割に満たなかったことが知られることとなった（河田，2011）。そこで、1995（平成7）年以降、行政における消防力・防災力の強化と並行して、住民による自主防災組織の育成が防災行政の重要項目に据えられることとなった。

　自主防災組織の根拠は、災害対策基本法第2条の2第2号にあり、「国、地方公共団体及びその他の公共機関の適切な役割分担及び相互の連携協力を確保するとともに、これと併せて、住民一人一人が自ら行う防災活動及び自主防災組織（住民の隣保協同の精神に基づく自発的な防災組織をいう）その他の地域における多様な主体が自発的に行う防災活動を促進すること」にある。災害対策基本法では市町村の責務として、自主防災組織の充実を図ること、ならびに住民の自発的な防災活動の促進を図ることを求めている。したがって、市町村は地域における共助の中核をなす組織として自主防災組織の結成・組織化を促すこととなった。地域の公民館の壁には、自主防災組織の組織表が貼ってあることが多いが、ご存じだろうか。会長の下に何人かの副会長がいて、各副会長の下に総務班、情報班、消火班、救助・救出班、避難所運営班等が配置される組織となっている場合が多い。

　住民の隣保協同の精神に基づく自発的な防災組織としての自主防災組織は、市町村が主体的に組織化・充実を図ることになったので、市町村の災害対応を補完する消火、救助・救出、情報収集、避難誘導等が活動内容となっている。すなわち、自主防災組織は災害による被害を防止し軽減するために、実際に防災活動にあたる「実働部隊」として結成されている。自主防災組織率（全世帯数に対する組織されている地域の世帯数の割合）は令和2年の全国平均で84.3％、25府県では90％を超えて

いる。ちなみにトップは兵庫県の97.2％、ついで香川県の97.1％でほぼ100％だ。つまり、ほとんどの地域で自主防災組織は既に組織化されている。それでも、豪雨災害における避難率は少ないし、家具の転倒防止も、家屋の耐震化も期待されるほどは進んでいない。

　災害対策基本法では、自主防災組織の育成、充実、環境整備、リーダー研修などを市町村長に求めてはいるが、自主防災組織とは本来自発的な防災組織のはずなのだ。ところが、自発的な防災組織が増えないため、各市町村の防災担当者が主に自治会や町内会に呼びかけ、自主防災の組織化を推進しているのが実情だ。その結果、一部を除き、自主防災組織の独自性、自主性が育たず、行政主導の組織となってしまっている。自主防災組織の名簿づくりなどは町内会に一任するため、町内会役員を除いて自主防災組織の構成員である一般住民の多くは、自分の役割が何かをあまり認識していない。これでは、自らの町を自らが守るという、高邁な使命感や自然な愛郷心の発露を阻害しているとしか思えない（山村武彦）。市町村によって組織化が推進されたが、各都道府県・市町村が自主防災組織率向上を目指す一方で、自主防災組織としての活動率は低下し、必ずしも組織が実体に則したものとなっていないことは否めない。

　図－4.2は自主防災組織の防災計画と地区防災計画に、市町村の地域防災計画を加えた3者の関係として描いている。この図を用いて、自主防災組織と地区防災計画の相違について説明を加えたい。自主防災組織の防災計画は、市町村の地域防災を補完するために、市町村が充実させた災害対策の中の「対応」を中心とした防災計画となっている。地域防災計画は地域が異なったとしても、多かれ少なかれ画一的な内容となる。したがって、その市町村の「対応」を補完する自主防災組織の防災計画も、やはり画一的となりやすい。一方、地区防災計画は市町村と地区が協力して策定するが、地域の自然素因や伝統、文化等、地区に根差した独自性の高い内容となるので多様的となる。しかし、あまりに市町村が前の

めりになって、市内全域で地区防災計画を策定させようと目論み、計画のひな形を作成して各地区を回り、住民に同意を求めるようなことをすると、自主防災組織の二の舞を踏むことになるので注意が必要だ。

　神奈川県相模原市では、市内で区分された22の地区すべてで地区防災計画が作成されている。例えば、橋本地区防災計画検討協議会（2022）による地区防災計画を見ると、構成、内容等、完成度の高い印刷物として仕上がっており、市が手厚い支援に留まらず主体的に作成に携わったため、地区住民の自発性が損なわれているのではないかという懸念を抱いてしまう。田中ら（2017a, 2017b）は、相模原市が近年4町と合併して政令指定都市となった経緯を踏まえ、作成された地区防災計画に洪水被災履歴が反映できず、郷土館で得られる吉野宿の大火の歴史も反映できず、さらに現地に看板のある馬石の崩壊による河川閉塞の被害を記載できていないことを指摘している。このように被災履歴が反映できなかった理由として、①地区防災計画はボトムアップ型の計画であることが周知されておらず、市の決めることとの誤解を招いていること、②市の担当部署の分掌業務と一致する話題、発言、提案が円滑な議事の進行には"適切なこと"と思われがちであること、を挙げている。市の作成する計画に、

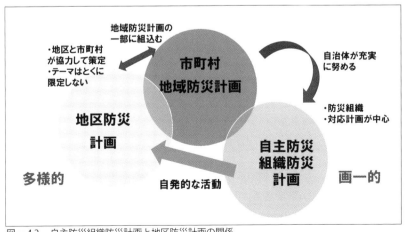

図－4.2　自主防災組織防災計画と地区防災計画の関係

地区住民が協力する、という構図が見え隠れする。

　一方、山梨県甲府市（2017）では、地区防災計画作成マニュアルを作成し、これに従った地区防災計画のひな型に基づいて、キャラバン隊を編成して520の全自治会を回って地区防災計画作成を促した。その結果、520すべての自治会で地区防災計画が作成された。ひな形は行政が期待する地区防災活動がほぼ網羅されており、各地区ではその中で実施できそうにないものを除外した上で、向こう三軒両隣の名簿を提出すると、地区防災計画がまとまる仕組みとなっていた。筆者はそのキャンペーン活動が開催される以前から、甲府市内の複数の自治会の地区防災を支援していたので、市の活動に対して戸惑う住民の姿を目の当たりにしたことがある。相模原市ならびに甲府市の地区防災計画作成は、自主防災組織と同様な行政が前のめりになった活動として顕著な例と言えるのではないだろうか。

4.3　地区防災活動はまちづくり活動

　まちづくりにおける「人」の作法として、土の人、風の人、水の人という考え方がある（関西大学，2013）。図−4.3に内田宏和氏の作成したまちづくりを担う土の人、風の人、水の人を説明するイラストを示した。「土の人」はしっかりと地域に根を張り、そこに居続ける人、つまり市民や住民など地域の地縁的で土着的な人を意味する。「風の人」とはその土地に良質な種を送り、刺激を与える存在を意味する。また、「水の人」とはその土地に寄り添い、水を与え続ける中間支援的な存在で、NPOや行政が担い手になりやすい。

　「土の人」すなわち地区住民がまちを住みよくしよう、安全なまちづくりをしたい、と思わなければ、地区防災活動は始まらない。リーダーとなる住民が何人か集まって、そこへ周囲の住民が加わるような母体があることが、地区防災計画づくりの必須の条件と言える。市町村が講師を

呼んで講演会を開催しても、ワークショップを開催しても、このような母体の存在がないと、地区住民は参加を依頼されたお客様として座っているだけとなる。自然災害の発生リスクの高い危険な地区でありながら、地区住民が公助を当てにし、自ら汗をかこうとしないなら、何をしても無駄となるに違いない。

　「風の人」は筆者のような研究者が担うことが多い。地方大学の防災工学（河川工学、地盤工学、地震工学）や都市計画（防災計画学）、火山学等の理系の研究者がソフト分野へと専門分野を拡張し、コミュニケーション、災害心理学、地方行政、社会福祉等の文系の研究者も地区防災へと研究分野をシフトさせ、多種多様な専門分野の研究者が特定の地区を対象とした実践的な地区防災計画学に参入するようになってきている。このような研究者が地区防災に関わるようになったのは、ひとえに地区防災計画学会の発足によるところが大きい。地区防災計画学会の誕生により、研究者にとって研究発表、論文投稿の場が提供された。地区防災計画支援は現場密着型の実践研究なので、研究者は査読論文として受け付

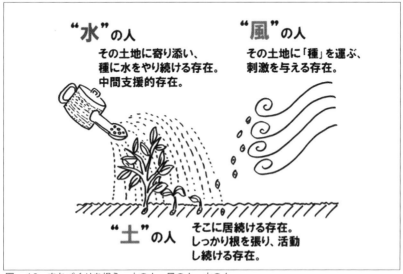

図− 4.3　まちづくりを担う　土の人、風の人、水の人

けてくれる学会誌を探すのに苦労していた。例えば筆者は、ICT を地区防災計画支援に適用し、研究の新規性を加えることによって、学会誌への論文投稿を行ってきた。地区防災計画学会発足によって地区防災計画の調査、研究という新たな研究分野が創出されたのだ。

　「水の人」の主役はやはり市町村で、地元の NPO 等が補助的な役割を担う。しかし、地区防災計画作成における市町村の関与の仕方は市町村によって千差万別と言える。担当者である防災担当が人事ローテーションにより 2 年程度で異動する状況では、地区に対する手厚い支援は長続きしない。やはり、首長の姿勢が問われるのだと思う。南海トラフ巨大地震の襲来によって町の存続が危ぶまれた高知県 黒潮町は、町長の指示があったから職員全員が防災担当となり、各居住区の地区防災計画づくりに地区住民と一緒に取り組めた（室崎ほか，2022）。

　地区防災計画づくりをはじめとするコミュニティの防災活動の底上げを考えるに当たっては、防災活動ということを前面に出すのではなく、日常生活の中での活動を結果的に防災活動につなげることが重要となる（室崎ほか，2022）。「結果防災」や「生活防災」、あるいは「防災と言わない防災」という言葉によって説明されるこの概念は、身のまわりにあるモノやサービスを日常時はもちろん非常時にも役立てることができるという考え方に基づいている。日頃親しんでいないものを災害時に使おうとしても、使いものにならない。災害対策にしか使わないものは、いつかは保有していることすら忘れられ、災害時にすぐに出てこないし、使いこなすことはできない。

　山梨県中央市リバーサイド地区では、お祭りやゲートボール大会等を 3 自治会合同で行うことから始め、3 自治会が楽しく集える環境をつくりつつ、合同役員会が開催されるようになった。現在では毎年、合同防災訓練を行い、地区防災計画の見直しが行われている。西桂町下暮地地区では、旧集落と新興住宅地の住民がお互いを知るところから始めた。

また、山梨県富士河口湖町河口地区では、河口浅間神社で移住者もすぐに氏子として迎え入れ、子供たちが楽しく集う環境を利用して、多くの若い世帯を地区防災活動に取り込むことを試みるなど、まちづくりとして地区防災活動を推進した。永田（2011）は、伝統的な「お祭り」が衰退した地域に対しても、もともと祭りのなかった新たな地域に対しても、住民参加型まちづくりを活性化させるきっかけとなる「現代版祭り」を新たに創造し、導入することが可能となることを指摘し、その実践例を紹介している。興味深い内容がまとめられているので、是非、ご一読いただきたい。

　矢守克也氏は地区防災計画について、4つの誤解とホントを以下のように整理している（室崎ほか，2022）。

①地区防災計画は市町村が行うことではない

②地区防災計画は計画書を作成することではない

③地区防災計画はどの地区でも一緒ではない

④地区防災計画は一度きりで終わりではない

　①について説明を加える。前述の自治体のように、地区防災計画のひな型をつくってしまい、それを少しアレンジして地区防災計画が作成されたり、行政側が住民に代わって作成したりするようなことは、地区防災計画制度の趣旨に反する。ささやかな活動内容でも良いので、住民主体で取り組むことが重要なのだ。ただし、それは地区防災計画を作成するように住民に依頼し、放っておけばよいということではない。水の人として住民に寄り添い、住民による主体的な活動を支援してもらいたい。黒潮町では、役場職員全員が各部局の通常の分掌業務に加えて、担当地区の地区防災計画を業務として取り組んでいるという。

　②は地区防災計画でもっとも大切な点ではないかと思う。地区防災計画というと、分厚い書類を作成することと誤解されがちである。しかし、地区防災計画は、みんなで取り決めたことをメモにする、箇条書きにする、

表を作成する程度のことを要求している。何かを残さないと、地区住民に伝えられないし、共有できない。地区防災計画をどのような形でまとめるかについて、表づくりや印刷など、市町村が有している資源やノウハウを提供して、地区住民のお手伝いするのも一つの手だ。

参考文献

・鈴木猛康（2011），巨大災害を乗り切る地域防災力〜ハードとソフトで高める住民・行政協働の災害対策〜，静岡学術出版.

・西澤雅道，筒井智士（2014），地区防災計画制度入門　内閣府「地区防災計画ガイドラインの解説 Q & A」，NTT 出版 .

・室崎益輝，矢守克也，西澤雅道，金思穎（2022），地区防災計画学の基礎と実践，弘文堂 .

・河田惠昭（1997），大規模地震災害による人的被害の予測，自然災害科学，Vol.16, No.1, pp.3-14.

・鈴木猛康（2012），自助・共助・公助の連携とは，ここが足りない自治体防災，日経グローカル，No.194, pp.48-49.

・山村武彦，自主防災組織（その使命と活動），https://www.bo-sai.co.jp/jisyubousai.htm

・橋本地区防災計画検討協議会（2022），橋本地区防災計画（令和 4 年 4 月），https://www.city.sagamihara.kanagawa.jp/_res/projects/default_project/_page_/001/009/267/keikaku_hasimoto_s.pdf

・田中隆文・西田結也・大津悠暉・佐保田哲平（2017a），相模原市における災害脆弱性の継承と地区防災計画の策定，地区防災計画学会誌，No.10, pp.38-68.

・田中隆文・西田結也・佐保田哲平（2017b），ローカルノレッジを防災・減災に活かす方策の構築に向けて，第 66 回砂防学会研究発表会概要集，pp.278-279.

・甲府市 (2017)，地区防災計画作成マニュアル，平成 29 年 3 月，https://www.city.kofu.yamanashi.jp/bosaitaisaku/documents/bosaikeikakumanual.pdf

・関西大学（2013），まちづくり＋クリエイティブ，市民参加の方法論、風の人からの証言，https://www.kansai-u.ac.jp/ordist/ksdp/danchi/136.pdf

・永田宏和（2011），第 9 章　自律的まちづくりのきっかけをつくる職能，都市・まちづくり学入門, 日本都市計画学会関西支部新しい都市計画教程研究会（編集），学芸出版社 .

第 5 章

リスク・コミュニケーション

5.1 リスク・コミュニケーションとは

奈良 (2011) は、リスク・コミュニケーションを、「あるリスクについて直接、間接に関係する人々が、リスクの存在や形態、深刻さ、受け入れ可能性について情報や意見を交換する相互作用プロセス」と定義している。また、Wikipedia には、「社会を取り巻くリスクに関する正確な情報を、行政、専門家、企業、市民などのステークホルダーである関係主体間で共有し、相互に意思疎通を図ること」と記載されている。リスク・コミュニケーションというのは、我が国ではあまり聞き慣れない用語ではないだろうか。我が国ではその始まりがかなり遅れた上、世の中にまだ十分に受け入れられていない傾向にあるため、本来のリスク・コミュニケーションは現在でもまだ普及しているとは言えない。

そもそもリスク・コミュニケーションは、1970 年代半ばにアメリカで誕生した。その第一段階は情報開示で、企業や行政がリスクを分析した結果を、市民に開示することだ。第二段階は情報の信頼性確保で、メッセージの工夫によってリスク情報をわかりやすく説明することだ。そして、第三段階は相互作用プロセスで、説明するだけでなく、相手の意見を聞きながら合意形成をめざすコミュニケーションを重視することだ (平川ほか，2013)。市民団体や地域住民が、企業や行政と相互に意見交換するとともに、市民団体や地域住民、企業、行政に加えて専門家やマスメディアも意見交換の場に同席し、信頼関係を構築しつつ情報交換・討議を行い、情報を社会に広く公開することがリスク・コミュニケーションなのだ。このように、リスク・コミュニケーションにおいてもっとも重要なことは、関係者による相互の意思疎通であるにもかかわらず、我が国ではまだ事業者や行政が対象とする住民に対して一方向の説明を行い、その後わずかな時間を意見交換の時間として確保することを以て、コミュニケーションを図ったとする傾向にある。

　我が国のリスク・コミュニケーションは、アメリカから20年以上遅れて1990年代に始まった。所沢産ほうれん草がダイオキシンに汚染されている、とのテレビ朝日の報道に端を発するダイオキシン問題をご存じだろうか。所沢産ほうれん草が出荷停止に追い込まれたため、厚生省、農水省、環境庁、埼玉県は急遽調査し，「問題となるレベルではない」と発表をした。しかし、情報を提供する側、受け取る側ともにリスクへの理解が不十分なために、根拠のない不安や楽観が生じてしまった。検出値と生物影響に関する情報が、これまで研究者や異なる省庁から別々に発表されていたため、市民は説明が不十分な毒性情報にふりまわされることとなった。市民が求めていたのは、「それがどういう意味を持つのか」(= すなわち科学的な知見の総合と評価) とその判断の根拠だったであろう (関沢，2000)。このように、いかにリスク情報を関係者が共有すべきかが話題として取り上げられたのが、我が国のリスク・コミュニケーションの始まりとされている。

　有害性の疑われる化学物質の環境への排出・移動の出所や程度を把握し、集計・公表するしくみに関するPRTR（Pollutant Release and Transfer Register）法が我が国で制定されたのは1999年のことだ。科学技術のリスク・コミュニケーションとしては、原子力発電所や遺伝子組み換え食品のリスクなど、科学技術以外のリスク・コミュニケーションでは、自然災害、環境問題、健康・医療、再生可能エネルギー開発など、我が国が直面するリスク・コミュニケーションの分野は数えきれない。読者の皆さんは、福島第一原子力発電所から出た処理水の海洋放出について考えていただければ、容易にご理解いただけるだろう。リスク・コミュニケーションのための十分な時間があったにも関わらず、リスク・コミュニケーション手法が計画的かつ段階的に適用されることなく、漁業者、そして国内外の消費者が納得する前に、処理水放出に至っている。この場合、ステークホルダーは全世界の人々と捉えるべきだろう。

5.2　防災における CAUSE モデルと BECAUSE モデル

　地域防災や地区防災の活動を進めるには、必ず複数のステークホルダーが関与するため、リスク・コミュニケーションが有効な手段と考え、筆者は CAUSE モデル、BECAUSE モデルを提案し、その有効性を実証するための研究に取り組んできた。リスク・コミュニケーションの目標を達成するために、米国の Rawan(1994) は以下の５つの段階の頭文字を組合せた CAUSE を提案した。すなわち、信頼を構築する Credibility（信頼）、気づきを与える Awareness（気づき）、理解を深める Understanding（理解）、解決策に合意を得る Solution（解決）、そして実行の動機を促す Enactment だ。これらの頭文字を組合せて、CAUSE と呼んでいる。最初の Credibility は、リスク・コミュニケーションのすべての段階を通して、関係者が互いに信頼を構築できるように努力する必要があることを意味している。A → U → S → E についてはリスク・コミュニケーションを進めるために有効なプロセスということができる。事業活動の生産管理や品質管理の業務を継続的に改善する手法として PDCA サイクルがある。Plan（計画）、Do（実行），Check（評価），Act（改善）の順で実施し，改善策（Act）を実施計画（Plan）に盛り込んでさらに実行（Do），改善策の評価（Check）する，というように，PDCA のサイクルを繰り返し回して生産や管理手法の改善を図るスパイラルアップ手法として知られている。これと同様に、AUSEのステップも、何度か繰り返してリスク・コミュニケーションのスパイラルアップが図れると考えている（鈴木，2011）。

　Rawan（1999）はさらに地域の危機管理者を対象としたリスク・コミュニケーション教育のためのリスク・コミュニケーション手法として前述の CAUSE を発展させ、CAUSE モデルを提案した。CAUSE モデルでは、C（信頼）は Credibility が Confidence に、S（解決）は Solution が Satisfaction with the proposed solution に修正されている。Credibility

と Confidence はどちらも信頼を表す言葉として使われるが、Rawan によれば、危機管理者の多くは警察官や消防士であり、一般に身体が大きく怖いというイメージが強いため、まずは住民との会話を通して信頼（Confidence）してもらえるように指導するのだそうだ。一方、S は危機管理者（行政）が提案した解決策を住民が受諾するという意味だ。

筆者は、行政による地域防災や住民の地区防災を進めるに当たって、以下のような CAUSE モデルを提案した。見たり聞いたりして知ることは気づき（Awareness）、気づいたことを他者に説明できる程度に知識を深めることを理解（Understanding）とし、次の段階は行政などからの提案を受諾する「受諾（Satisfaction with the proposed solution）」と、住民や行政が自ら解決策を提案する「解決（Solution）」、そして解決策を実行する「実行（Enactment）」を地区防災を推進するための CAUSE モデルとして構成し、このモデルを用いて地域防災計画作成を目的とした実証研究を行った。これらの段階を、ステークホルダー間の信頼（Confidence）を保ちながら推進するリスク・コミュニケーションのプロセスを CAUSE モデルと呼んでいる（鈴木，2011）。

市町村で平常業務を有する多くの職員を，実務者研修に参加させるには、首長ならびに幹部職員の理解が必要だ。そのために不可欠な首長への説明、部課長会等での趣旨説明等を、事前準備（Preparation BEfore training）の段階 BE と称し、筆者は BECAUSE モデルと名付けてリスク・コミュニケーションを実践してきた（鈴木・宇野，2012）（鈴木，2016a）。国土交通省、県の防災部局、建設部局、福祉部局、県警本部、市町村の災害対策本部、さらには消防本部など、ステークホルダーが多彩なので、業務の内容に応じてこれらをグループ化し、各グループ内のリスク・コミュニケーションを図り、最後にステークホルダーが全員揃った実証実験（図上訓練）を行うには、各ステークホルダーの業務分析が欠かせないことを筆者は実感した。

5.3　2014 年山梨豪雪による
　　集落孤立とリスク・コミュニケーション
5.3.1　豪雪による集落孤立

　リスク・コミュニケーションの具体例として、2014 年山梨豪雪で孤立した山梨県甲州市塩山一之瀬高橋 (えんざんいちのせたかはし) の集落でのリスク・コミュニケーションについて紹介する。2014 年 2 月 14 日から 15 日にかけての記録的豪雪により、関東甲信地方は未曾有の雪害に見舞われた。とくに山梨県は甲府で 114cm、河口湖で 143cm と過去の最深積雪量を 2 倍以上も大幅に更新し、県内全域で 1m を超える積雪となった。筆者は山梨県や県内市町村の支援、報道機関を通した県民へのメッセージ発信という役割を担うこととなった。

　山梨県には災害時に孤立する可能性のある 493 の山間集落が存在する。山梨県全域にわたって 1m を超える積雪があり、山間部ではさらに多い積雪となったので、493 の集落はすべて孤立した（集落外との交通が遮断された）。それだけではなく、道路と鉄道が寸断され、山梨県が陸の孤島となってしまった。山梨県は孤立解消のための除雪、孤立集落からの住民避難、食糧や医薬品の供給等により、市町村を支援した。幸いにも通信の途絶はほとんどなかったので、一部の停電した集落を除き、各市町村は孤立集落の住民の安否を電話で確認することができたのがせめてもの救いだった（鈴木，2015, 2016b）。

　この豪雪災害で市町村を悩ませたことの一つに、孤立集落からの住民避難があった。市町村が山梨県の支援を受けてヘリコプターによる住民避難が物理的に可能となっても、肝心の住民が避難を拒否する事態が発生したのだ。甲州市塩山一之瀬高橋地区の住民 15 名は、市による集落外避難の提案を拒否し、除雪による孤立解消を要求した（鈴木，2015）。甲州市一之瀬高橋地区は、武田家の黒川金山の金山衆子孫によって拓か

れた村であるとする伝承のある場所であり、絶壁の渓谷につながる斜面を切土した山道を、ジープで30分以上登った先にある。

　筆者は甲州市の副市長から依頼され、2014年3月に甲州市の職員とともに同地区を訪問し、区長、副区長に直接ヒアリングする機会を得た。筆者は事前に区長に対してNHKを同行させることを要望したが断られた。さらに現地でビデオカメラやカメラで撮影することも、区長から拒否された。筆者は、区長と副区長が筆者や市職員が何をしに来たのかと疑いの目で見ているのを感じた。その疑念を払しょくすべく、筆者は質問を始めた。大雪の際に避難を拒否した理由を区長に尋ねたところ、もともと他人に頼らずに自活しており、見知らぬ土地で不自由な生活を送ると高齢者は病気になる、当然食糧は普段から備蓄している、という回答だった。今回は停電もなく、携帯電話による通話も可能であったので、1人の住民がスキーで集落内を回り、全員の安否確認をすることができた、とのことだった。

　自宅から出られないほどの大雪で、道路の除雪によって孤立が解消されたのは2月14日の10日後、2月24日のことだった。インタビューが進むにつれ、次第に打ち解けてきた住民の口から、孤立から1週間が経過した頃には、さすがに不安に駆られたという証言が出るようになった。食料には困らなかったが、タバコの買い置きがなくなって困ったのだそうだ。災害時の通信手段について、筆者の知識や経験に基づいて話したところ、集落の区長は今後の災害に備えて携帯電話の充電器を購入すること、また消防団の詰所に置かれている衛星携帯電話を自宅に置くことを実行したいと語った。筆者は、リスク・コミュニケーションを図ることができれば、県のヘリによる住民避難も受入れてもらえるのではないかと期待するようになった。というのは、インタビュー終了後に、区長と副区長が一緒に記念写真を撮ることを許可してくれたし、帰り際には区長が「先生、つぎは自由に来ていいよ」と言ってくれたからだ。

まだまだ相互の信頼が確立できたわけではないが、その後、甲州市の職員が足しげく集落を訪問し、C（信頼）の関係を維持しながら、リスク・コミュニケーションのつぎのステップとなるワークショップ開催に至った。

5.3.2　ワークショップによるリスク・コミュニケーション

　筆者は学生 1 名を同行させ、山梨県庁 2 名、東部地域県民センター 2 名、そして甲州市職員 4 名の体制で 2014 年 11 月に同地区を再度訪問し、集落の住民 7 名とワークショップを開催することとなった。集落訪問前に甲州市役所で事前打合せを行ったが、山梨県も甲州市も、孤立解消のためのヘリによる避難は、住民に受け入れてもらえないだろうと語っていた。ワークショップの様子を写真－ 5.1 に示している。ワークショップでは、豪雪災害の際にできたこと、できなかったことを挙げてもらい、土砂災害ハザードマップを見ながら過去の災害を振り返り、そして、次の豪雪災害で停電になったらどうなるか、土砂災害が発生したら何が起こるかについて、忌憚のない意見を出してもらった。筆者はファシリテーションを行いながら、KJ 法にしたがって得られた意見を整理した。

　ワークショップの結果を筆者が整理して図－ 5.1 にまとめた。豪雪災害については住民が経験したことだから、住民自身が気づく (A) までもなく、十分理解 (U) できている。できたことも、できなかったことも積極的に住民が回答してくれ、雪害の教訓として、携帯電話の充電器を購入する、発電機を

写真－ 5.1　甲州市塩山一之瀬高橋で行われたワークショップ

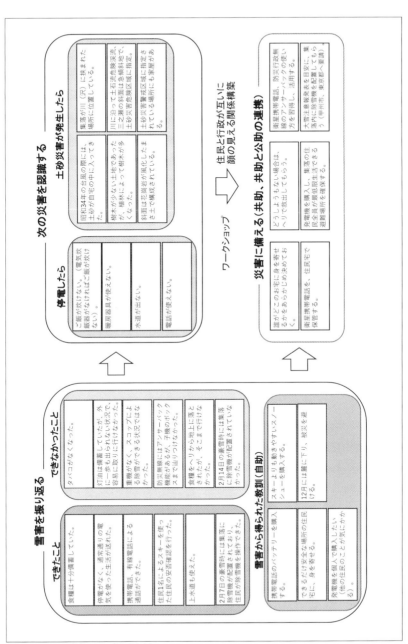

図－5.1　ワークショップのまとめ

購入する、そしてスキーで安否確認を行った住民はスノーシューを購入する、さらには、安全な住宅に身を寄せるという意見まで出た。ここで安全な住宅とはどこかと質問すると、過去に土石流に襲われたときに、無被害だった住宅が候補として挙げられた。住民は豪雪災害を経験することによって、既に住民自ら解決策が提案される解決(S)の段階に至った。

　集落は多くの地区が土砂災害（特別）警戒区域に指定されていることから、筆者としては、住民の皆さんに豪雪災害にとどまらず、土砂災害についても同様に理解を深めてもらい、被災した際はヘリで避難するという解決策（S）を見出してもらいたいと思った。そこで、つぎは停電した場合と土砂災害が発生した場合の2つをテーマとして、住民に意見を出してもらった。図－5.1の右上に住民から出された意見をまとめている。ご飯も焚けなければ暖房も使えず、水道も出ないことが確認された。土砂災害ハザードマップについては甲州市の職員に説明してもらい、筆者は補足説明を行う程度にとどめ、ファシリテータに専念した。その結果、集落の多くは土砂災害（特別）警戒区域に指定されており、昭和34年には台風で土石流が発生したこと、花崗岩が風化したまさ土が川の氾濫とともに土石流を発生させることも確認された。ここまでで、住民には地区の土砂災害について説明できる程度の理解（U）が得られていた。

　既に3月に住民と筆者や甲州市職員と住民との意見交換ができており、その後も甲州市職員が何度か住民を訪問し、さらにワークショップを通して、甲州市の職員も筆者も住民より信頼（C）されていることを実感できた。住民にとってみれば、町村合併によって生まれた甲州市役所には知人の職員もおらず、集落が甲州市から見捨てられているという気持ちが強かったらしい。筆者のことを当初は、研究を目的として集落に来て、公表してほしくないことまで許可を得ることなく集落について公表する迷惑な学者と思ったのだろう。ところが、集落の住民と真摯に向き合う我々の態度を見て、住民が我々を信頼して受入れてくれたのだと思う。

住民と筆者、住民と市職員との間に、良好な信頼関係が構築された。

　そこで、最後に、これからの災害に備える手段として、甲州市、山梨県、そして住民に話し合ってもらった。その結果、住民が自ら考える解決（S）もあるが、行政側が提案する解決策に住民を受け入れる（S）もあり、さらには住民と行政で話し合って解決する（S）も出てきた。図－5.1 の右下に示すように、大雪注意報が発表されたら、東京都水道局あるいは甲州市が除雪機を地区内に配備することが決まった。そして、どうしようもない場合は、ヘリコプターでホイストしてもらい、立退き避難することを区長が受け入れたのだ。ホイストできる場所も 2, 3 候補地が挙げられた。除雪機についてはその後、12 月より冬季中は常備されるという実行（Enactment）が行われた。これまで行政をあてにしてこなかった住民は、行政を信頼する態度に変容していた。

　水の人である市職員が足しげく集落に通い、親身になって住民の話を聞いたことにより、土の人である集落の住民の心が開いた結果、自ら避難を受け入れることも、集落で発電機を購入することも、集落の中でもっとも安全なお宅に身を寄せることも決めることができた。風の人である筆者は、水の人の説明を補足する以外は口を挟まず、もっぱらファシリテーションに努め、KJ 法を用いてその場で意見を整理することに徹した。ただただ水、土、風の 3 者が集まれば良いのではなく、CAUSE モデルを意識したリスク・コミュニケーションを行うことが重要なのだと感じた出来事だった。CAUSE のすべてのステップも欠かすことはできないが、敢えて言うならば、お互いの信頼（Confidence）関係構築がもっとも重要となることを強調しておきたい。

参考文献

・奈良由美子（2011），生活リスクマネジメント，放送大学教育振興会．

・平川秀幸，土田昭司，土屋智子（2011），リスクコミュニケーション論（シリーズ環境リスクマネジメント），大阪大学出版会．

・関沢順（2000），リスクコミュニケーションと情報公開，環境技術，Vol29, No10, pp.775-779.

・Katherine E. Rawan（1994），Why Rules for Risk Communication are not enough: A Problem-solving Approach to Risk Communication, Risk Analysis, Vo.14, No.3, pp.365-374.

・Rowan, K., Botan, C.H., Kreps, G. L., Samoilenko, S. and Farnsworth, K. (2009), Risk Communication Education for Local Emergency Managers: Using the CAUSE Model for Research, Education, and Outreach, Handbook of Risk and Crisis Communication, Taylor & Francis, pp.168-191.

・鈴木猛康(2011)，巨大災害を乗り切る地域防災力 ～ハードとソフトで高める住民・行政協働の災害対策～，静岡学術出版．

・鈴木猛康，宇野真矢（2012），組織間連携機能を有する災害対応管理システムとその普及展開のための研修プロセスの開発，災害情報学会誌，No.10, pp.122-133.

・鈴木猛康（2015），山梨の豪雪災害 ―その教訓は活かされるか―，京都大学防災研究所年報，第 58 号 A , pp.16-23.

・鈴木猛康（2016a），大規模河川氾濫を対象とした広域避難体制の構築への BECAUSE モデルの構築と評価，災害情報，No.14, pp.105-115.

・鈴木猛康（2016b），大災害から命を守る知恵、術、仕組み　～実話に基づいて綴る避難の現状と対策，静岡学術出版．

第6章

広域避難と地区防災計画

6.1　平成 27 年関東・東北豪雨と広域避難

　2015（平成 27）年関東・東北豪雨では、鬼怒川の氾濫により茨城県 常総市では市の面積の 1 ／ 3 に相当する 40㎢が浸水し、2 人が死亡、44 人がけがをした。入江（2015）は、避難勧告・避難指示の出された区域内に居住する 20 歳以上の男女個人を対象として訪問面接法によってアンケート調査を行い、無作為に選出された 1,000 人のうち 686 人からの回答に基づいて分析を行った。なお、回答者のうち 51％の自宅が浸水しており、回答者のうち 30％は周囲が浸水して移動できない状態、すなわち孤立状態となった。このアンケート調査によれば、立ち退き避難した住民は全体の 55％で、屋内安全確保を選択した人は 38％、残りの 7％は常総市外にいた。立ち退き避難率 55％は近年の水害では驚異的に多い。立ち退き避難を選択した動機のトップは「家族や友人に促された」の 41％で、「避難勧告・避難指示が出された（現在は避難情報に「避難勧告」はなく、「避難勧告・避難指示」は「避難指示」に統一されている）」の 29％を上回った。「自治会の役員や近所の人が避難を呼びかけていた」が 13％だった。入江によれば、自宅からの立ち退き避難では避難先の 1 位が常総市外の 35％で、移動手段は自動車が 89％で 1 位だった。

　屋内安全確保を選択した動機は「浸水しないだろうと思った」の 61％が 1 位、「二階建てだから」の 33％が 2 位で、ついで「家や家財が心配だった」18％、「高齢者等がいて移動が困難だった」と「近所の人が避難しなかった」12％の順だったと報告されている。動機の上位 2 位については、主として正常化の偏見に起因するものと判断できる。避難行動要支援者の存在が立ち退き避難を阻害したことが動機の 12％となっており、広域避難における避難行動要支援者対策が課題であることを改めて認識させた。また、隣近所が立ち退き避難しないと立ち退き避難しない人も多く、裏返せば、隣近所が率先して避難すれば、あるいは隣近所から立ち退き

避難を促されると、避難率が向上することが期待できる。なお、約4,000人が移動できなくなって孤立し、常総市の人口の約6%がヘリコプターやボートで救出された。

　常総市は下妻市から申し出のあった千代川中学校，宗道小学校への市外避難については早期から対応できていたが、それ以外の周辺市町への受入要請に着手したのは三坂町での鬼怒川決壊の後だった。常総市は三坂町での鬼怒川決壊後に、鬼怒川東側地域の市民を対象に鬼怒川西側へ避難するよう指示を行ったが、その際に市の災害対策本部は市外への避難という選択肢を初めから除外していた。しかし、実際には市境を越えて周辺のつくば市，つくばみらい市，守谷市などの避難所に向かうことを選択した市民が多く、常総市による広域避難対応は、市民の先行的な動きに追随する形で行われた。

6.2　広域避難計画

　関東・東北豪雨災害の後、国土交通省利根川上流河川事務所では、住民避難に対する市町村の地域防災計画の作成や実施に対して指導や助言を行うことは国の責務との認識に基づき、大規模水害時被害者ゼロを目指して住民避難のあり方について検討を行い、大規模水害時における住民避難計画・検討の手引き（案）を作成した。本手引き（案）では避難形態が広域避難、指定避難所避難、緊急避難の3つに分類された。群馬県板倉町、埼玉県加須市、茨城県境町等では広域避難が必要であることが示され、広域避難シナリオごとに避難の検討が行われた。

　茨城県災害対応勉強会広域避難検討ワーキンググループ（2018）では、広域一時滞在の考え方をまとめた「大規模水害時における広域避難計画策定ガイドライン」を策定し、県内の複数の市町村の計画策定を支援した。埼玉県加須市や茨城県境町では、国土交通省や県等の支援を得て、広域避難の調査・研究を行い（例えば、境町・地方自治研究機構，2018）、

地域防災計画に広域避難計画を加えた。2019年台風19号の際、両市町では策定された広域避難計画に従って、広域避難を実施した。しかし、加須市では、広域避難先の駐車場が満車になる、道路が大渋滞、さらに広域避難情報の発令が遅れたため住民が大混乱に陥る、等の課題が浮き彫りとなったことが報道されている（毎日新聞，2019）。また、2020年8月の加須市の市報では、避難経路図から県外の避難先一覧が消えていることに住民が驚いたと報道されている（毎日新聞，2020）。

　中央防災会議 防災対策実行会議の下に設置された洪水・高潮氾濫からの大規模・広域避難検討ワーキンググループ（2018）では、①浸水区域の居住人口が膨大で数十万人以上の立退き避難者が発生すること、②浸水面積が広範に及び、行政界（市町村・都道府県）を越える立退き避難が必要となること、③浸水継続時間が長期に及び、二次的な人的被害リスクが高いこと、といった大規模かつ広域的な特徴を有し、これまでのガイドライン等をそのまま適用することができない避難形態を「大規模・広域避難」と呼んでいる。

　片田ら（2018）は東京都江東5区（墨田区・江東区・足立区・葛飾区・江戸川区）の住民を対象に大規模水害時の行動意向などに関するアンケートを実施し、自宅外への避難意向を持つ人は半数程度であり、広域避難の必要性を認識している人も半数以下との結果を得た。とくに、高齢者・障がい者などの要配慮者を持つ世帯は、移動そのもの、あるいは避難先での生活を送ることが困難であり、特別な対応が求められることを指摘している。

　広域避難を円滑に進めるためには、ガイドラインや手引きを作成することは極めて重要であり、これらを参考とした市町村の広域避難計画策定も高く評価できる。しかし、2019年台風19号の際に加須市の広域避難で浮き彫りになったように、行政主体のトップダウン型で作成された広域避難計画が、地区住民に十分浸透しないと、地区住民の自発的かつ

具体的な広域的避難行動は行われない。つまり、広域避難に実効性を持たせるには、ボトムアップ型の広域避難計画も必要ではないだろうか。大規模・広域避難となると、とくにトップダウン型の計画が重要視されがちだろうが、地区防災計画としてボトムアップ型の広域避難計画を作成し、共助と公助を連携させて計画の実効性を高めることが大切であることは言うまでもない。以下では、筆者が関わったボトムアップ型の広域避難計画作成について紹介している。

6.3　中央市リバーサイド地区における リスク・コミュニケーション

　甲府盆地の西を北から南に流下する釜無川は、江戸時代中期までは盆地を北西から南東方向に流れており、毎年のように氾濫を起こして盆地に扇状地を形成した暴れ川だった。この川を甲府盆地の西を流下させる治水事業が、この地を統治した武田信玄によって中世に始まり、江戸時代にかけて継続的に行われた。釜無川の名称の由来について、『田富町誌』につぎのような記述がある。夏の夜、巡礼娘が激しい夕立の中を飛び込んできて、雨宿りをお願いした。その娘は「私は両親を探して諸国を巡礼しています」と身の上話をしたそうだ。住民はかわいそうがって、いつまでもいるように勧めた。気だても良く、よく働く娘なので、息子の嫁に迎えた。ところが、行燈の明かりで髪の毛をすく障子に映った娘の姿は人間ではなかった。そこで、住民は両親を探しに行くように促し、暇を出した。豪雨の中、釜の蓋をもらいうけ、濁流の釜無川に蓋を投げ、その上に飛び乗って姿を消した。その結果、洪水が引いて水害を免れた。その後、しばらく釜を使わなかったので、その川のことを釜無川と呼んだのだそうだ。娘は竜（大蛇）であり、暴れ川そのものであったということだろう。

　さて、山梨県中央市のリバーサイド地区について概要を説明する。こ

の地区は、治水事業により人工的に固定された釜無川の左岸堤防に隣接している。この地区のすぐ北で明治40年の洪水によって釜無川左岸が破堤した結果、この地区のあった場所に多くの渡り鳥の飛来する臼井沼が形成された。臼井沼にはミヤイリガイという巻貝が生息しており、日本住血吸虫症をまん延させていた。この貝にいったん寄生して貝の中で増殖したあと、貝の外に出て再び水中を泳ぎ、ヒトや動物の皮膚から侵入する寄生虫によって発症する日本住血吸虫症を撲滅するため、また人口増加によって需要の高かった新興住宅地の開発を目的として、昭和50年代はじめに臼井沼は埋め立てられ、宅地開発が行われた。この新興住宅地・リバーサイドタウンには、現在約1,400戸の住宅が整然と建ちならび、約4,000人の住民の生活が営まれている。洪水ハザードマップでは地区の北半分が家屋倒壊等氾濫想定区域（氾濫した洪水によって家屋が倒壊する恐れのある区域）に指定されている。

　リバーサイド地区は第一〜第三の3つの自治会で構成され、宅地分譲は第一、第二、第三の順で北から行われ、もっとも南の下流域に位置する第三自治会では、現在でも宅地分譲が行われ、人口が増えている。したがって、入居者の世帯主の平均年齢は、第一自治会がもっとも高く、第三自治会がもっとも低い。リバーサイド自治会の中でも第三自治会は、役員の防災意識が高く、筆者は同自治会より水害対策について講演を依頼されたり、山梨県の防災事業の一環として同自治会の防災研修の講師を務めたりするなど、同自治会との関わりをもっていた。同自治会による活発な防災活動から学ぶことも多く、筆者は同自治会の役員と信頼関係を構築していた。平成27年関東・東北豪雨災害の後、同自治会から河川氾濫に対する避難体制構築について支援要請を受けた際、第三自治会にとどまることなく、第一〜第三自治会合同のリバーサイド地区としてまとまり、地区防災計画策定に取組むべきと忠告したところ、平成28年3月に第一〜第三自治会で災害対策に関する防災協定が締結されるに

至った。各自治会が個別に行っていたお祭り、ゲートボール大会などは
3自治会が合同で実施するようになり、各自治会の住民が互いに顔の見
える関係を築くべく努力するようになった。

　自治会会館に第一〜第三自治会の役員に集まってもらい、会館に設置
されている大型テレビモニターで水害の映像を見てもらいながら、リバー
サイド地区の水害リスクについて説明した。その際、各自治会の住民の
防災意識、水害対策の現状を率直に聞いたところ、第一、第二自治会で
は避難体制構築の実現性にまだ疑念を抱いており、第三自治会と他の2
自治会との間で温度差が大きいことがわかった。このような集会を2度
開催するうちに、筆者とリバーサイド地区の自治会役員、ならびに三つ
の自治会の役員同士の信頼（Confidence）が醸成されていった。

　筆者による支援活動の第一弾として、リバーサイド地区の全戸約1,400
に対して、回覧板を利用してアンケート票を配布し、水害に対する住民
の意識調査を行った。アンケートの設問は、回答者に関東・東北豪雨に
よる鬼怒川の氾濫を我が事として捉え、当該地区の水害リスクに気づか
せるように設定した。アンケートには651世帯から回答があり、ほと
んどの住民が常総市で発生した水害に関心を持っており、半数以上の住
民が当該地区でも同等以上の水害が起こると考えていることが明らかと
なった（気づき、Awareness）。アンケート結果は住民へ周知され、多
くの近隣住民が同様な考えを抱いていることを共有しあい、今後の取組
みに対して良好な環境を与えた。筆者は、向う三軒両隣による避難行動
要支援者の支援体制構築を提案した。第三自治会はこれを受け入れ、平
成29年度に体制構築を実施することを決めた（賛同、Satisfaction）。そ
れを聞いて、第一、第二自治会の自治会長は、第三自治会の取組みか
ら学び、同様な取組みができるように努力することを宣言した（解決、
Solution）。第三自治会で名簿に登録された避難行動要支援者は6名だっ
た。各支援グループ単位で、筆者が提案した避難支援体制構築補助様式

写真- 6.1　避難行動要支援者と支援者による支援体制検討会

を用いた取組みが行われ、支援体制構築を完了することができた（写真
- 6.1）。その結果、第三自治会は 2018 年 4 月に「一人の犠牲者も出さ
ない広域避難計画」を地区防災計画としてまとめ、中央市へ提出した（実
行、Enactment）。

6.4　一人の犠牲者も出さない広域避難計画

　リバーサイド第三自治会が地区防災計画を中央市に提出した後、半年
も経たないうちに、第一自治会ならびに第二自治会も、第三自治会を見
習って避難行動要支援者の避難支援体制を整えた。したがって、2018
年秋にはリバーサイド地区全体として、地区防災計画を策定するための
準備が整っていた。

　図- 6.1 に示す通り、釜無川の右岸側（リバーサイドタウンの釜無
川を挟んで西）には、色塗りされていな白いゾーンがあるが、ここは
御勅使川の扇状地であり、田園地帯になるので、多くの住民が避難する
のに適した敷地も施設も存在しない。そこで、リバーサイド地区の広域

避難場所として
は、黒線で囲っ
た韮崎市の高台
を想定すること
とした。この高
台は、八ヶ岳の
山体崩壊で発生
した岩屑流（がんせつりゅう）によ
る流山（ながれやま）であり、
その縁に形成さ
れた延々と続く

図− 6.1　リバーサイド地区と韮崎市の高台の想定避難先（重ねるハ
ザードマップ（国土交通省）に筆者が加筆）

絶壁は、七里岩（しちりいわ）と呼ばれている。この高台の上に、かつて武田勝頼は織田・
徳川軍の侵攻に備えて新府城を築いた。

　第三自治会のみだと700世帯だが、これがリバーサイド地区全体となっ
て約1,400世帯、4,000名の広域避難が一斉に行われると、深刻な交通
渋滞が発生する。したがって、以下の4段階でリスク・コミュニケーショ
ンを行った（鈴木ほか, 2020）。最初に、地区内から韮崎市の高台まで
の車による避難シミュレーションを実施した。リバーサイド地区内の道
路を新たにモデル化した上で、リバーサイド地区の各世帯をスタート地
点、韮崎市の高台をゴールとした道路網モデルを、信号を含めて構築した。
信号の制御時間を平日の昼間に実測することにより、道路網モデルに反
映させた。避難シミュレーション結果から、1世帯当たり1台、合計1,400
台の車が一斉に自宅から韮崎市に向かって避難を開始した場合、交通事
故が発生しなくても避難完了までに14時間以上の時間を要することが
わかった（平常時であれば30〜40分程度）。一方、地区を4つのブロッ
クに区分して避難開始時間をずらした時間差避難とし、近隣道路を一方
通行、国道への合流箇所では合流優先として、すべての信号を青とした

場合は、2時間で避難を完了できるというシミュレーション結果が得られた。一斉避難を行った場合に各所で発生する渋滞を説明するために、図-6.2に示す資料を作成した。この資料を見ながら筆者が、車による

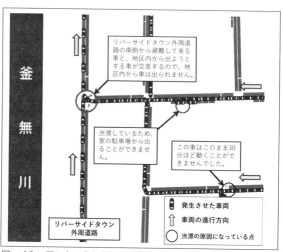

図-6.2　アンケートに用いた避難シミュレーション結果

避難について住民に回答してもらうアンケートの実施を役員会に提案したところ、役員会で了承された。第一から第三自治会のすべての世帯を対象として、回覧板によってアンケート票が各組長から各世帯へ配布・依頼され、各組長がアンケート票の回収を担当した。

　車で一斉避難する際の課題は何かの設問に対しては、557世帯から回答があり、91%が「渋滞の発生」と回答した。それ以外にも、「避難経路が限定される」を47%、「交通事故の発生」を35%が選択したことより、車による避難には何らかの交通規制が必要だということを、地区住民は理解したのだと思う。リバーサイドタウンをいくつかの区画に分け、十分余裕をもって各区画が時間差で段階的に避難する、という時間差避難について提案した上で、このような時間差避難が自治会から提示されたら従うかの設問に対しては、「従う」と「たぶん従う」の合計が65%を占めた。

　一人の犠牲者も出さない広域避難のためには、各世帯、各住民が避難行動を具体的に計画し、その計画を確認できる仕組みが必要である。こ

れを可能とするため、筆者は各世帯で避難行動マイタイムライン（後述
する「避難行動と準備」）を作成し、住宅内に掲示することを提案した。
2018年12月にリバーサイド第二自治会公民館で開催されたリバーサイ
ド地区の3つの自治会の役員と消防団員を集めた説明会で、筆者は参加
者全員にタイムラインを作成してもらい、誰でも容易に作成できること
を確認した。この説明会の最後に細川益一郎・第二自治会長より、この
タイムラインを全世帯で作成すること、このタイムラインに従った地区
防災計画を策定することが提案され、全員一致で承認された（Suzuki, et
al., 2019）。細川氏はこの頃より、リバーサイド地区の3つの自治会をま
とめるリーダーとして、地区防災活動を主導されるようになった。

　以上のようなプロセスを経て、リバーサイド地区（第一〜第三自治会）
で広域避難計画がまとめられた。図ー6.3は広域避難計画の模式図で、
後述する避難行動と準備と併せて、地区防災計画を代表するコンテンツ
となっている。台風直撃の24時間前に、①中央市は広域避難の必要と
される地区に対して、避難準備・高齢者避難開始（現在は高齢者等避難）
を発令する、②地区住民の支援者は避難行動要支援者の指定の場所への
移動をサポートする、③中央市の手配したバスが、指定場所で要支援者

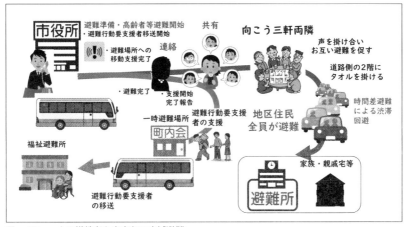

図ー6.3　一人の犠牲者も出さない広域避難

をピックアップして福祉避難所へ移送する、④その後、向こう三軒両隣が声をかけあって、⑤ブロックごとで避難開始時間を調整し、各自が自家用車で時間差避難する、というステップがまとめられている。リバーサイド地区はこの広域避難に関する地区防災計画（素案）を、2019年4月に中央市へ提出した。

6.5 避難場所

　広域避難計画において求められる避難は、避難所に滞在する "sheltering" ではなく、あくまでも命を守るために立ち退く "evacuation" なのだ。災害対策基本法第六十一条の四（広域避難の協議等）では、要避難者の受入れを求められた市町村は、正当な理由がない限り、要避難者を受け入れて避難所または避難場所を提供しなければならないと定めている。しかし、リバーサイド地区が広域避難を実施するような豪雨の際は、釜無川の上流に位置する韮崎市でも避難が行われるはずなので、災害を直接受けない地区にある指定避難所であっても、韮崎市がその避難所をリバーサイド地区のために開放することは期待できない。そこで、本広域避難計画では地区住民に対して、まずは各自が安全な場所にある親族や知人宅、あるいはホテル等を避難先として確保することを求めている。このような避難先を確保できない住民は、韮崎市の高台における車中泊避難を選択する。筆者は韮崎市の高台において避難場所の候補となる駐車場を、以下の条件に基づいて検討した（鈴木，2020）。

①広い駐車場あるいは駐車スペース（20台以上）

②水、トイレが利用できる施設の存在

③高齢者等が休憩できる施設の存在

④公道から施設までの広い幅員のアクセス道路

⑤支援できる自治会（地区住民）の存在

　ここで⑤は、避難者の中に何らかの問題が発生して助けが必要となっ

た場合、土地勘のない避難者だけでは対処できないので、地区住民の支援を期待している。山村（2020）も車中泊避難における周辺自治会との連携の必要性を強調している。

　このような場所を実際に地図上ならびに現地調査で検討してみると、公民館、福祉施設、廃校となった小学校、市営施設・公園、民間企業の駐車場等、23の施設がピックアップできた。これらの駐車場で、700〜800台の駐車が可能となる。したがって、リバーサイド地区で約半分の世帯で、親族や知人宅、ホテル等の避難先を確保することができれば、残りの世帯は車中泊避難が可能となる。なお、避難できる親族や知人宅も確保できず、また自力で韮崎市の駐車場へも行けない高齢者等は、避難行動要支援者として新たに名簿に登録してもらい、福祉避難所へ避難するか、あるいは隣近所の支援を受け、市のバスか隣人の車で避難場所に移動し、公民館等の施設で休息してもらうことになるだろう（鈴木, 2020）。

6.6　広域避難訓練

　リバーサイド地区では、毎月連合役員会と称して、3自治会の自治会長と防災部長、計6名＋区選出の市会議員等による定例防災会議を行っている。4月からは8月には、防災訓練の企画、準備を主たるテーマとして、役員会が開催されている。2020年4月の役員会は新型コロナ感染防止対策で中止となったが、現役員会のとりまとめ役（代表者）である細川益一郎・第2自治会長が、台風が中央市に接近する24時間前に中央市から広域避難開始が地区に伝達され、新型コロナ感染対策を行いながら韮崎市の高台へ避難するとの想定で、広域避難訓練を開催することに対して、支援を要望する書類を中央市へ提出した。

　この要望書を受けて中央市は韮崎市と副市長同士で広域避難訓練について打合せ、リバーサイド地区からの広域避難者を韮崎市が受け入れる

ことで大方の合意に至った。この報告を受けて、2020年5月の連合役員会では、8月の広域避難訓練の実施方針について検討することとなった。この会議で、当日の概略のスケジュールが提示されるとともに、中央市は総合防災訓練の一環として考えていること、山梨県より避難に使うバスの費用支援が得られる可能性があること、さらに、韮崎市はこれから受け入れ地区を検討する予定であることが、細川氏より報告された。筆者からは、韮崎市の受入れ対象地区が避難者受け入れを負担と感じないように、できる限り避難者自身で作業を行うことを提案した。その結果、コロナ禍における広域避難であるので、感染防止策も自らできることを行う方針を確認し、新型コロナ感染対策としてできることを検討し、次回示すこととなった。

　つぎの役員会は、6月17日に開催された。役員会の冒頭で、受入れ対象地区からの賛同が得られなかったため、韮崎市が広域避難訓練への協力を断ったとの報告が行われ、役員の間に衝撃が走った。中央市が山梨県防災局へ相談した結果、山梨県より2つの県施設の駐車場が、避難先の代替地として提案された。リバーサイド地区で協議した結果、その中で甲斐市にある県営クリーンエネルギーセンターを選択することとなった。クリーンエネルギーセンターは図−6.1に示す赤坂台の台地にあり、水害、土砂災害ともにリスクもなく、また韮崎市とリバーサイドタウンの中間地点で、避難訓練の車中泊避難先として適所だった。駐車場とともに同センターのトイレが借りられるため、前述の①〜④の条件を満たしており、広域避難訓練の実施は可能となった。なお、クリーンエネルギーセンターは、車中泊避難の有力な候補地なのだが、リバーサイド地区の避難先と決定されたわけではなく、あくまでも避難訓練先として想定していた韮崎市高台の車中泊避難先の代替地として位置づけられている。

　この役員会をNHKが取材しており、そのときに役員の反応が後日、NHK甲府放送局の特集番組「山梨クエスト」で放送されることとなった。

リバーサイド地区の「一人の犠牲者も出さない広域避難計画」では、避難行動要支援者の避難支援がもっとも重要な事項となっている。コロナ禍であるので、今回はこの訓練を見送ることが代表者より提案されたが、出席者から反対意見があり、避難行動要支援者を介添えしてバスに乗車させる行動の確認と、バスのドライバーの対応行動を確認させるため、訓練参加者が要支援者と支援者の役を演じ、会場の住民ならびにバス会社に乗車支援行動を見てもらうこととなった（写真− 6.2）。

　7 月 15 日の役員会では、具体的な広域避難訓練のスケジュールが示された。バスは中央市が協定を締結した山都交通から 2 台が手配され、要支援者役と支援者役の 2 名も選定されていた。新型コロナ感染防止対策として、各自が持参したマスク着用、参加者の体温測定、手指のアルコール消毒、1.5 メートルの間隔確保が行われることとなった。体温計は役員が手配し、手指消毒用のアルコールは地区で 5 リットル購入し、訓練参加者に小型容器に小分けして提供することとなった。中央市は要支援者移送用のバスとともに、軽トラック、テント、問診票、消毒用アルコール、椅子、段ボールベッド、簡易トイレ等を手配することとなった。

写真− 6.2　避難行動要支援者の乗車支援

8月19日の役員会には中央市危機管理課も出席し、広域避難訓練の最終確認が行われた。山梨県防災局からは2名、中央市からは3名が参加し（市長は挨拶のみ）、各自治会からは合計120名程度が参加して、そのうち広域避難訓練の参加者45名の名簿が提示された。準備している物品の確認ならびに不足する物品の準備担当者が決定され、予算の確認（特別会計運用を含む）、中央市による助成の確認が行われた。避難所受付から会場後片付けに至るまで26の役割の担当者が決定された。その際、担当を依頼された役員は一人も躊躇することなく受諾し、さらに未決定の役割についても、すぐに誰かが担当する旨を申し出た。その結果、すべての役割があっという間に決定された。当日は取材を行った新聞社2社は、この地区の役員の結束力の強さに驚きを隠さなかった。

　広域避難訓練は2020年8月31日に開催された。担当役員約15名は事前にクリーンエネルギーセンターに向けて自家用車で向かい、訓練会場の設営を行った。休憩所（テント、椅子）と受付の設営を10分程度で終え、避難者の受け入れ態勢が整った（写真−6.3）。その後、間もなく45名の避難者を乗せて2台の三都交通のバスがセンター駐車場に到

写真−6.3　テント内の避難者に対する訓練内容の説明

着した。広域避難訓練はほぼ計画通り行われた。この広域避難訓練の様子を、新聞社2社とNHKが取材した。NHKは9月1日の時論公論で、住民の自発的なコロナ禍の防災活動、ボトムアップ型の広域避難訓練として紹介してくれた。訓練参加者からは、受付で密集状態になったので見直しが必要なこと、担当役員の作業のマニュアル化が必要、実際の避難先での広域避難訓練によって計画の実証が必要、出水期（河川が増水しやすい時期）の前に広域避難訓練を行った方が有効、といった反省意見が出された。

6.7 コロナ禍の広域避難行動と準備

　2020年7月15日に開催された役員会では、毎年更新することが決まっているマイタイムライン「洪水災害時の避難行動と準備」の令和2年度版の案が、3自治会の代表者である細川氏から提示された。このマイタイムラインには、新型コロナ感染防止対策が盛り込まれていた。また、5段階の警戒レベルに対応させるとともに分散避難が加えられていた。したがって、事前準備（preparedness）と避難行動（evacuation）、そして避難所での滞在（sheltering）が入り混じって、さらに新型コロナ感染対策が加わったことによって、肝心の広域避難が隠れてしまう内容となっていた。出席した役員から、もっとシンプルにすべき、これでは記入できない等の意見が出されたが、具体的な修正案がまとまるまでには至らなかった。そこで、筆者が持ち帰って検討し、3自治会の代表者である細川氏に修正案として提示すると申し出た。その結果、これが承認されるとともに、最終的な印刷に至るまで細川氏に一任されることとなった。

　筆者の提案した「避難行動と準備（タイムライン）」は8月19日の役員会で提示され、地区のすべての世帯に配布されることとなった。図－6.4には（a）平成31年度（枠の色は赤色）、（b）広域避難訓練を実施した令和2年版（枠の色は緑色）、そして（c）令和5年版の「避難行動と準

備（タイムライン）」を示している。リバーサイド地区では 2019 年より「避難行動と準備」を印刷して各世帯へ配布している。毎年内容の見直しを行うとともに、枠のカラーを変えて配布し、地区住民に新たに記入してもらうこととしている。枠のカラーは赤→青→緑の順で変えられるので、（ b ）と（ c ）は同じ緑色の枠となっている。なお、「避難行動と準備」の印刷代は、各世帯から徴収することによって賄われている。

　リバーサイド地区の地区防災計画「一人の犠牲者も出さない広域避難計画」は、20 ページ程度の分量となっているが、その内容は、図－ 6.3 に示したポンチ絵と図－ 6.4 のタイムライン「避難行動と準備」に集約される。毎年、4 月に要配慮者の支援体制を見直すとともに、このマイタイムラインの修正を行って、つぎの訓練までに印刷、配布を行っている。

6.8　その後の地区防災活動

　中央市リバーサイド地区では、2018 年から 2 年間にわたって、リバーサイド第三自治会からリバーサイド地区全体（第一～第三自治会）へと、ボトムアップ型の広域避難計画が拡大された。さらに 2021 年には、コロナ禍における広域避難計画へと地区防災計画が拡張され、「避難行動と準備」が更新された。この計画に基づいて、コロナ禍の広域避難訓練が、地区住民による自発的な活動を行政がサポートする形で行われた。

　コロナ禍における避難は、出水期を前に急浮上し、メディアが大きく取り上げたため、国民の一大関心事となった。筆者も地元メディアからコメントを何度も求められた。大災害における避難所での感染症対策は、阪神淡路大震災で大きくクローズアップされたが、それ以降、問題が解決されないまま先送りされてきた結果、多くの課題が山積されてきた。我が国において小学校や中学校の体育館を利用した避難所は、三密状態だけでなく、衛生面、プライバシー等、世界でもっとも劣悪なレベルに

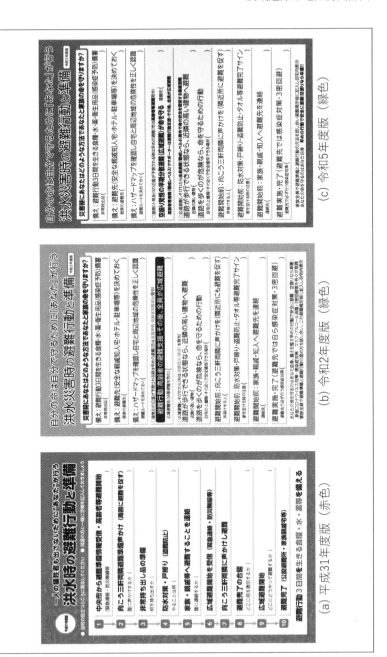

図－6.4　マイタイムライン（洪水災害時の避難行動と準備）

あると言われている（榛沢，2019）。したがって、メディアの目は避難所における滞在（sheltering）に向けられたのだが、筆者は命を守るために必要な立ち退き避難行動（evacuation）に注目してほしかった。筆者はテレビ出演の際、2つの避難の相違に加え、地震と豪雨災害における避難の違いについても説明し、とにかく躊躇することなく命を守るための避難行動（evacuation）をとってほしいと強調した。

　新型コロナ感染症により、指定避難所ではこれまでの定員の1/5程度しか収容できないこと、つまり避難者全員が収容できないことを多くの国民が知ることとなった。広瀬（2004）は、命が助かる方法はあるが、全員は助からないとき、助かるために出口に向かって集中すると、非理性的な集団行動、すなわちパニックが発生することがある、と説明している。地震の被害想定から避難者数を算定するのであれば、避難所として指定されている学校の体育館で避難者の収容が可能なケースもあるだろう。しかし、水害を対象とすると、多くの場合、浸水想定区域内では徒歩で避難できる距離に避難所を確保することは困難となる。避難所も避難場所も不足しているので、地域外への避難が不可欠となる。すなわち、新型コロナ感染症に関係なく、これまでの指定避難所では避難者を収容できないことを、多くの国民が知っている。

　中央市リバーサイド地区では、広域避難を実現するために、分散避難の重要性にいち早く気づき、対策を検討してきた。とくに親族、知人等の避難先を確保できない住民の避難所の確保には、市町村のみならず都道府県の調整が不可欠となる。その際、避難者は避難の受入れ先に過度な負担がかからないように、感染症対策を含め、避難所の運営を自ら行うことを原則としている。

　豪雨災害が激甚化する中で、命を守るための円滑な広域避難（evacuation）は、避けては通れない重要課題だろう。コロナ禍において広域避難を我が事として捉えたこの機会に、市町村間、地区間の交流と

協力のもと、地区防災計画が策定されて地域防災計画に組み込まれ、安全な避難場所の確保と円滑な広域避難が実現することを期待したい。

　中央市は2021年度に広域避難計画に関する検討業務を外部委託し、2022年3月に「中央市大規模水害広域避難計画」を策定して公開した（中央市，2022）。中央市はこの計画を、国や県、周辺市町村と相互協力の下で大規模水害から市民の大切な生命、財産を守るために、避難先や広域避難指示等を定め、市民の生命、身体及び財産の安全と保護を図ることを目的として策定する、としている。しかし、その中身は広域避難計画のための基礎調査の範疇にとどまっており、具体的な避難先や避難指示の内容を定めているわけではなく、つぎの①関係機関との連携と②共同検討会への参加について定めるのみだったことは、残念でならなかった。

①広域的な避難指示等の発令及び発令に伴う避難は関係機関との密な連携が必要となることから、平時より河川管理者（甲府河川国道事務所・県）・甲府気象台・関係市町村との連携体制を構築する。

②「広域避難に関する共同検討開始及び情報発信の目安」に示す「①共同検討開始」のタイミングにおいては、山梨県及び県内市町村、甲府河川国道事務所、甲府気象台等の関係機関で構成する「共同検討会」が設置される。本市においても、当共同検討会に参加し、関係機関との意見交換、情報収集を行う。

　一方、山梨県は令和2年度から広域避難検討会を開催して検討を行ってきた。その結果、広域避難の円滑な実施を図るため、大規模な水害が発生するおそれがある段階における県や市町村等による共同検討会の設置や、広域避難に関する情報発信を行う際の判断目安について図ー6.5のとおり取りまとめ、令和4年度から運用を開始した。ここで、共同検討会とは、共同検討開始の判断目安を上回る雨量が予想される場合、あるいは構成機関のいずれかから開催の求めがあった場合に設置され、山

梨県、県内市町村、甲府河川国道事務所、甲府地方気象台によって構成される。判断の目安では、2日間積算流域平均雨量予測200mm以上で、共同検討会の構成機関から求めがあった場合に共同検討会が開催され、氾濫発生の48時間から24時間前を想定し、2日間積算流域平均雨量予測250mm以上で市町村の判断で高齢者等避難発令を、氾濫発生の24時間から9時間前を想定し、1日間流域平均雨量実績+24時間流域平均雨量予測300mm以上で市町村の判断で避難指示を発令することとされている。

　釜無川（富士川上流部）の計画降水量が315mmであり、国土交通省が現在の河川整備目標としている降水量が1982（昭和57）年の豪雨（48時間285mm）だから、雨量が300mmを超えると大規模氾濫に至る可能性が高くなる。したがって、上記のような雨量の目安が決められているのだろうが、問題は避難がすべて市町村の判断に委ねられている

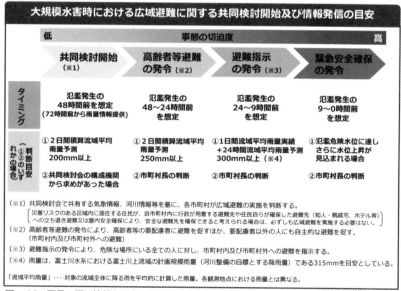

図－6.5　雨量・河川情報を目安とした広域避難情報発令

ところだろう。どの市町村も、浸水想定区域の住民を避難させるだけの
施設を有していないので、市町村の境界を越えての広域避難が必要とな
る。山梨県は、避難市町村が多数で市町村間の個別協議が困難な場合など、
市町村の求めに応じて、県がハブとなり避難先を調整する、としている。
しかし、市町村に求められてから避難先を調整するのでは時すでに遅し、
ということにならないだろうか。リバーサイド地区では既に 4 年前から
広域避難先の調整を求めているが、中央市はいまだ避難先を見つけられ
ていない。令和 5 年 9 月現在で、中央市と韮崎市との間の交渉が再開さ
れたわけでもなく、山梨県も避難先の調整に着手していないのだ。

6.9　広域避難計画における災害弱者対策

　最新の浸水想定区域図と 2020 年度人口統計データを用いて、地理情
報システム上で整理すると、甲府盆地だけでも浸水想定区域内人口が約
39 万人、さらに想定浸水深 3m 以上の区域人口が約 11 万人となった。
山梨県の人口は 80 万人に達していないので、この数値に驚かれる方も
多いと思う。この約 11 万人を安全な場所に避難させようとしても、近
隣に収容可能な避難所が見つからないことは容易に想像できる。まず行
うべきことは、災害時に犠牲となりやすい災害弱者、すなわち避難行動
要支援者については、早期に避難させる避難計画を具体的に作成するこ
とだろう。そこで筆者は、そのような避難計画が作成可能であることを
示すため、中央市の想定浸水深 3 m以上に居住する避難行動要支援者の
バスによる避難支援に関するシミュレーションを試みた。

　まず中央市より各自治会における避難行動要支援者名簿登録者数デー
タを入手した。2020 年人口統計データの 75 歳以上の人口の 100m メッ
シュデータ分布に応じて、各自治会の避難行動要支援者数を 100m メッ
シュ内に割り当てた。なお、想定浸水深 3 m以上に居住する 75 歳以上
の人口は、対象とした笛吹川以北で 2,082 人、そのうち市に登録されて

いる避難行動要支援者は 138 人だった。割り当てた避難行動要支援者の分布を考慮して、バス走行エリアは東に 1、西に 1、南に 2 の合計 4 エリアに分割した。その上で、想定浸水深 3m 以上のエリアに居住する避難行動要支援者を、支援者がバスの停車場所まで移動させると、市が派遣したバスが要支援者を乗車させ、市外の安全な福祉避難所へ避難させるために自動車専用道路のランプまで移動させる配車計画を立案した。

　4 つのエリアのそれぞれに 1 台のバスを割り当て、出発点は市役所（2 台）とバス会社（2 台）として、終点は 2 つの自動車専用道路のランプとした。道路は大型バスが走行できる幅員 5.5m 以上の道路とし、その道路上にバスの停車場所を登録しておき、各要支援者は 100m 以内にあるバスの停車場所へと支援を受けて移動することとした。各エリアでは 1 台のバスが一筆書きできるように配車して各要支援者をピックアップし、最終的に自動車専用道路のランプまで到達できたことを確認した。

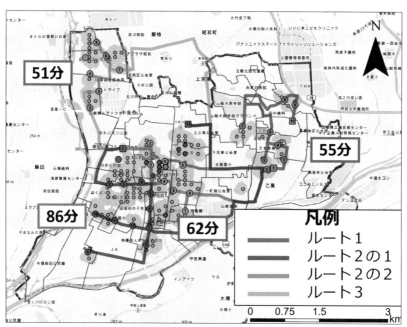

図− 6.6　避難行動要支援者の避難支援に関する配車シミュレーションの結果

配車を完了するのに要した時間は、図-6.6に示す通り、最短で51分、最長で86分で、全員を避難させることができるとの結果が得られた（中村, 2022）。

　リバーサイド地区のように、各自治会で避難行動要支援者とその支援体制が整っていれば、要支援者の位置が確定されるから、このような配車計画が現実味を帯びてくる。配車計画に必要なデータの入手は容易であり、解析ツールも整っている。筆者のような研究者でなくとも、優秀な建設コンサルタントなら業務として容易に実施できる。中央市大規模水害広域避難計画では、この程度の配車計画を作成しておくとともに、受け入れ先の福祉避難所を確保して示すべきだった。全国の広域避難計画作成の参考にしていただきたい。

参考文献

・入江さやか（2016），鬼怒川決壊 常総市の市民はどのようにして避難したかのか 〜関東・東北豪雨における住民の防災情報認知と避難行動調査〜，放送研究と調査，August，pp.36-65.
・茨城県災害対応勉強会広域避難検討ワーキンググループ（2018），大規模水害時における広域避難計画策定ガイドライン　〜広域一時滞在の考え方〜，https://www.pref.ibaraki.jp/bousaikiki/bousaikiki/bousai/documents/003_1.pdf
・境町・地方自治研究機構（2018），豪雨災害を踏まえた被害軽減対策と広域避難行動計画作成に関する調査研究，
　https://www.town.ibaraki-sakai.lg.jp/data/doc/1523852997_doc_39_0.pdf
・中央防災会議 防災対策実行会議 洪水・高潮氾濫からの大規模・広域避難検討ワーキンググループ（2018），洪水・高潮氾濫からの大規模・広域避難に関する基本的な考え方（報告），http://www.bousai.go.jp/fusuigai/kozuiworking/pdf/suigai/honbun.pdf

・片田敏孝，桑沢敬行，多田直人，吉松直貴（2018），大都市大規模水害を対象とした広域避難に関する住民意向調査，災害情報，No.16-1, pp.27-35.

・蒲倉光，梅本通孝（2020），大規模河川氾濫による浸水想定区域からの脱出を一義的に目標とした避難計画の効果に関する基礎的研究，地域安全学会論文集，Vol.37, pp.249-258.

・毎日新聞（2019），台風19号1か月　広域避難、課題浮彫　大渋滞、駐車場満杯／埼玉，
https://mainichi.jp/articles/20191112/ddl/k11/040/118000c

・毎日新聞（2020），埼玉・加須市の広域避難、近くの「県外」見直し「まず市内へ」住民に不満も，
https://mainichi.jp/articles/20201010/k00/00m/040/038000c

・鈴木猛康，渡辺貴徳，奥山眞一郎（2018），一人の犠牲者も出さない広域避難のための地区防災計画，地区防災計画学会誌，No.13, pp.34-50.

・Takeyasu Suzuki, Takanori Watanabe and Shinichiro Okuyama（2019），Facilitating Risk Communication for Wide-Area Evacuation during Large-Scale Floods, International Journal of Environmental Research and Public Health, Special Issue " Demonstrated Community Disaster Resilience", Vol.16, 2466; doi:10.3390/ijerph16142466.

・鈴木猛康（2020），コロナ禍の広域避難訓練　―山梨県中央市リバーサイド地区の取組み―，地区防災計画学会誌，No.19, pp.58-70.

・山村武彦（2020），感染症×大規模災害 実践的 分散避難と避難所運営，ぎょうせい.

・榛沢和彦（2019），消防「避難所のあり方、海外との比較」，特集　自然災害と避難所，消防の科学，No.135（冬季），pp.7-12.

・中央市（2022），中央市大規模水害広域避難計画
https://www.city.chuo.yamanashi.jp/material/files/group/5/kouikihinankeikaku.pdf

・広瀬弘忠（2004），人はなぜ逃げおくれるか―災害の心理学，集英社新書

・中村涼乃（2022），広域避難における要配慮者の避難支援計画策定手法の提案，山梨大学大学院工学専攻土木環境工学コース修士論文.

第7章

土砂災害警戒区域における
地区防災の実践

7.1 土砂災害防止法

　飲用水や農業用水が必要なため、集落は地形的に水が集まる場所に形成されていた。したがって、中山間地には昔から、危険な斜面や沢の近くに集落が存在していた。こういった昔からの集落が、せいぜい20年くらい前に土砂災害警戒区域に指定されたのであって、多くの集落が土砂災害警戒区域に指定された後に形成されたわけではない。本章では、土砂災害警戒区域内の地区での地区防災活動を取り上げるに当たって、まずは土砂災害防止法の説明から始めることとする。1999（平成11）年に広島で発生した土石流災害を契機として、2001（平成13）年に土砂災害警戒区域等における土砂災害防止対策の推進に関する法律（通称、土砂災害防止法）が施行された。この災害では、広島県広島市、呉市で死者31人、行方不明者1人、合計32人が犠牲となった。土砂災害防止法は、土砂災害から住民の生命を守るために、土砂災害が発生するおそれがある区域を明らかにし、危険の周知、警戒避難体制の整備、住宅などの新規立地の抑制等のソフト対策を推進することを目的としている。

　大雨の発生が増えているとともに危険箇所で新たな宅地開発が行われたため、土砂災害の発生リスクは年々増加している。土砂災害発生リスクの高いすべての危険箇所を対象として、対策工事によるハード対策を行って土地の安全性を確保するには膨大な時間と費用が必要となり、その達成は極めて困難だ。そこで、土砂災害から人命や財産を守るため、土砂災害防止工事等のハード対策と併せて、危険性のある区域を明らかにし、その中で警戒避難体制の整備や危険箇所への新規住宅等の立地抑制等のソフト対策を充実させていくことが重要となる。

　土砂災害警戒区域とは、1/2,500の地形図を使用し、法律に規定された手法により区域指定が行われた区域で、土砂災害警戒区域（通称：イエローゾーン）と土砂災害特別警戒区域（通称：レッドゾーン）がある。

土砂災害特別警戒区域は一般に土砂災害警戒区域内にあり、人の生命や身体に危害が生じるおそれのある区域の中でも、土石の移動による建築物に損壊が生じることによって、人の生命又は身体に著しい危害が生じる範囲で指定される。例えば、崖くずれの発生する斜面から岩石が落下し、住家を直撃して人の命が失われるような範囲（崖からの水平距離が崖の高さに相当する範囲）は、土砂災害特別警戒区域に指定される。土砂災害警戒区域は土砂災害ハザードマップとして地図上に記載され、住民に公開、周知される。国土交通省によれば、令和 5 年 6 月時点で、指定された土砂災害警戒区域の総数は 685,144 区域、そのうち 586,927 区域で土砂災害特別警戒区域が指定されている。

土砂災害警戒区域（通称：イエローゾーン）では、以下のような規制が行われる。

・市町村地域防災計画への記載
・災害時要援護者関連施設利用者のための警戒避難体制
・土砂災害ハザードマップによる周知の徹底
・宅地建物取引業者が宅地または建物の売買等にあたり、警戒区域内である旨について重要事項の説明を行う義務

　一方、土砂災害特別警戒区域（通称：レッドゾーン）では、急傾斜地の崩壊等が発生した場合に、建築物に損壊が生じ、住民等の生命または身体に目立つ危害が生ずるおそれがあると認められる区域で、以下に示す特定の開発行為に対する許可制、建築物の構造規制が行われる。

・特定開発行為に対する許可制
・建築物の構造の規制
・建築物の移転等の勧告及び支援措置
・宅地建物取引業者は、都道府県知事の許可を受け取った後でなければ当該宅地の広告、売買契約の締結が行えない措置、また建物の売買等に当たって特定の開発の許可について重要事項説明を行う義務

7.2 土砂災害警戒情報と警戒避難体制の構築

　「大雨警報（土砂災害）」が発表されている状況で、土砂災害発生の危険度がさらに高まったときに、都道府県と気象庁が共同で土砂災害警戒情報を発表する。市町村長の避難指示等の判断を支援するように、また、住民の自主避難の参考となるように、対象となる市町村を特定して警戒を呼びかける。対象とする土砂災害（警戒区域）は、土石流（土石流危険渓流）とがけ崩れ（急傾斜地崩壊危険箇所）で、地すべりは発生の予測が難しいので土砂災害警戒情報の対象とされていない。

　図－7.1 は土砂災害警戒情報発表の判定基準を模式的に示している。縦軸は 60 分積算雨量で、1 時間、2 時間後の予想は降水レーダーに基づいて推定された解析雨量を表している。横軸は前述した土壌雨量指数で、1，2 時間後の土壌雨量指数は、解析雨量を入力としてタンクモデルという簡単な数値モデルを用いて得られた地下水位を mm 単位で表している（Isihara & Kobatake, 1979）。土砂災害警戒情報の判断基準は、過去の降雨と土砂災害発生状況の履歴から各地で経験的に設定されるもので、クリティカルライン（CL）と呼ばれている。このように 2 次元座標上を

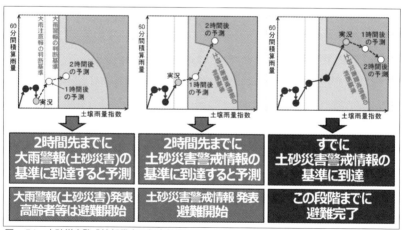

図－7.1　土砂災害警戒情報発表の判定基準

1時間ごとに移動する点を結んだ曲線は、その変化の様子が蛇の動きに似ていることからスネークラインと呼ばれている。

　図−7.1に示すように、2時間後に土壌雨量指数が大雨警報（土砂災害）のレベルに達するとき、気象庁は大雨警報（土砂災害）を発表する。大雨警報（土砂災害）は市町村にとっては【警戒レベル3】高齢者等避難を発令する目安となっている。さらに雨が降り続き、中央の図のように2時間後の予想が土砂災害警戒情報の判断基準を超えると予想されるとき、気象庁は都道府県と共同で土砂災害警戒情報を市町村単位で発表する。土砂災害警戒情報は市町村にとって、【警戒レベル4】避難指示を発令する目安とされている。さらに雨が続くと、実況で土砂災害警戒情報の判断基準を超える状態となる。この状態に至る前に、住民の避難が完了していることが期待されている。

　タンクモデルへの入力データは、解析雨量のみだ。アメダスによる雨量観測が約17km間隔であり、また降水レーダーでは面的に隙間のない雨量が推定できるが、降水レーダーで観測する雨粒が降水となるかどうかはわからない。したがって、降水レーダーによる推定雨量をアメダスの観測雨量で補正した解析雨量は1kmメッシュで提供されるものの、1kmメッシュの精度を有しているわけではない。アメダス雨量観測に用いる転倒マス式雨量計は、入水口内径20cmの円筒型をしている。この雨量計では入水口付近の気流が乱れるジュヴォンズ効果により、降水の一部が捕捉できないことがわかっている。風速が大きいほど捕捉率が低くなることが、巨大雨量計を用いた観測によって実証されている（山口ほか，2013）。また、土砂災害警戒区域に指定されるのは山地や山沿いの扇状地では、上昇気流が形成されやすく、平野よりも降水量が多くなることが知られている。

　タンクモデルでは個々の斜面の植生、地質、風化等を考慮していないだけでなく、入力として用いる解析雨量も、対象とする土砂災害警戒区

域の雨量を必ずしも代表しているわけではない。気象庁は土壌雨量指数を地図上で 5km メッシュごとに 5 段階に色分けして示す土砂災害警戒判定メッシュ情報を提供している。気象庁はこの情報を常時 10 分ごとに更新し、どこで危険度が高まっているかの把握を可能としている。解析雨量が 1km メッシュで与えられるので、土砂災害警戒判定メッシュ情報を 1km メッシュで公開する自治体もある。しかし、上述した通り、土砂災害警戒情報は警戒避難にとって有効なソフト対策なのだが、土壌雨量指数を計算するタンクモデルにも、雨量データにも、まだ多くの課題が残されていることに留意する必要がある。

7.3　西桂町下暮地地区と逃げどきチャート

　本章で地区防災活動のフィールドとして紹介する山梨県南都留郡西桂町下暮地地区は、西桂町の北西に位置する柄杓流川上流の扇状地に形成されている（図－7.2）。西桂町によれば、地区の世帯数は 336、人口は約 900 人だ (令和 4 年 4 月 1 日現在)。図に示すように、地区内で居住密度の高い主要部のほぼ全域が土砂災害警戒区域(薄く塗られた部分)に、一部は土砂災害特別警戒区域（濃く塗られた部分）に指定されている（鈴木ほか，2021）。同地区では 1966 年 9 月 25 日台風 26 号において土砂災害が発生し、人的被害はなかったものの、床下・床上浸水数十棟の被

図－ 7.2　西桂町下暮地地区の土砂災害ハザードマップ

害となった。また、1991 年 8 月 25 日台風 12 号でも同地区で土砂災害が発生し、床上浸水 3 棟、床下浸水 19 棟の被害を経験している。

　しかしながら、土砂災害防止法施行（2001 年）の 10 年以上前に行われた宅地造成・分譲により、山地に近い斜面にも多くの住民が暮らすこととなり、住民が過去の土砂災害を知らないこと、また近所付き合いの希薄な住民が増えていることが地区の課題とされていた。倉見、柿園等の他地区では地区防災計画が策定済みなのに対して、下暮地地区が未策定で取り残されていたため、西桂町ならびに地区住民から要請を受け、筆者らが支援を行うこととなった（鈴木ほか，2021）。

　筆者は 2017 年頃に、当時の西桂町長であった小林千尋氏から以下のような相談を受けた。町役場の屋上から東西の山麓の集落を見ると、互いに 2km 程度しか離れていないのに雨の降り方が随分違う。どちらの集落も土砂災害警戒区域に指定されているが、現地に消防団を派遣しないと気象情報だけに基づいて避難情報発令の判断はできない。しかし、現地に派遣される消防団が危険にさらされることを心配している。もっとも町に近いアメダスの観測所があるのは西桂町から 5km 以上離れた富士河口湖町ならび 10km 離れた大月市なので、これらの観測所の雨量による補正で推定された西桂町の土砂災害警戒情報が当てにならないことを、西桂町は何度か経験していたのだ。そこで、筆者は通常の転倒マス式雨量計ではなく、リルタイム性を重視した運動量測定方式のリアルタイム雨量計を活用した雨量観測システムを提案した結果、2018 年から町内 5 か所（2 か所は土砂災害警戒区域、1 か所は桂川左岸の公園、1 箇所は河川段丘上の神社、そして残りの 1 箇所は役場の屋上）に雨量計が設置されることとなった（Suzuki et al., 2019）。さらに西桂町は、ウェブカメラ 2 基による河川監視システムも構築した。

　筆者は現地のリアルタイム雨量観測と斜面安定解析を組合せたシミュレーションの結果に基づき、土砂災害発生の逼迫度を示すリアルタイム

で示す逃げどきチャートを避難スイッチとすることを提案した。役場職員に同行してもらって、かつて休場（図－7.2参照）と呼ばれた現地の斜面の地盤調査を実施し、土試料のサンプリングを行い、約1か月かけて土質実験を実施した。その後、土質実験によって得られたパラメータを用いて、現地のリアルタイム観測雨量を入力とする斜面安定解析プログラムを作成し、解析結果を逐次チャートとして示すリアルタイム土砂災害危険度（逃げどきチャート）を表示するウェブサイトを開発した（Suzuki et al., 2021）。2021年台風19号上陸の際は、西桂町に土砂災害警戒情報が発表され、町は避難勧告を発令した。沢に集まった雨水が滝のようになって斜面を流下し、沢を洗堀して土石流が発生する寸前の状態にあったのを、住民の撮影した動画で確認した。このとき、下暮地の入田観測点では累積雨量が400mmを超えた。この観測雨量データを用いて、パラメータを変えた斜面安定解析を実施した結果、逃げどきチャート作成に用いる閾値を決定することができた。

　図－7.3に筆者が提案した逃げどきチャートを示す。崩壊が懸念される斜面にもっとも近い雨量観測地点で観測される1分ごとの観測雨量を

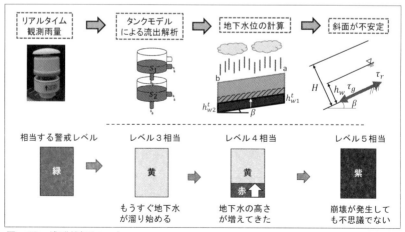

図－7.3　逃げどきチャート

入力として、気象庁と同様な流出解析を毎分ごとに実施する。降雨の浸透が少ない状態では、左の緑のチャートを表示して安全な状態を示している。つぎの黄色のチャートは、地下水位が形成される直前の段階であることを示している。降雨がそのまま継続すると、1〜2時間後には地下水位が発生するような段階で、避難情報としては【警戒レベル3】高齢者等避難に相当させている。岩盤斜面上に地下水が溜りはじめると、次の黄色と赤のチャートに変化させる。この段階になると、雨水の下方への浸透とともに、斜面の上からの地下水の流入、下流への地下水の流出も考慮した解析を行い、地下水位を決定している。この段階は避難情報としては【警戒レベル4】避難指示に相当する。このチャートの上端が限界地下水位（斜面が不安定となって滑動を始める地下水位）に対応しており、赤の高さは限界地下水位を1としたときの限界地下水位 h_{wc} に対する現在の地下水位 h_w の比率を表している。最後の紫のチャートは、地下水位が既に限界地下水位に達している状態を示しており、【警戒レベル5】緊急安全確保に相当し、斜面で崩壊が発生していても不思議ではない状態を意味している。

7.4　防災マップづくりと早期避難の必要性

　当地区では、令和2年台風19号における避難勧告発令時の避難行動、地区の役員が懸念していた地区内の土砂災害リスクに対する地区住民の意識、そして土砂災害ハザードマップと土砂災害警戒区域ならびに警戒避難に対する認知度について、事前アンケート調査を実施していた。その結果、台風19号の際は地区住民の2/3が分散避難行動をしていたこと、住民の土砂災害に関する認知度が低いものの、災害情報の入手に努めていること等を確認した。アンケート調査結果は地区の全世帯へ配布され、リスク・コミュニケーションの最初の段階である「気づき」を与えるこ

ととなった。

　地区の執行部から、もっとも土石流発生リスクが高いとされるＡ組を対象としてワークショップを行うことが提案された。Ａ組からは住民が９名参加し、地区の執行部３名、西桂町総務課２名、福祉健康課１名、そして山梨大学から筆者と学生３名が参加した。ワークショップでは、土砂災害ハザードマップについて西桂町総務課が説明し、筆者が土砂災害発生メカニズムや土砂災害警戒情報の課題について補足説明した後、地区の防災マップづくりを筆者らのファシリテーションによって実施した。

　Ａ組はリアルタイム土砂災害危険度ウェブサイトで逃げどきチャートを提供している対象斜面にもっとも近い新興住宅地にあり、地区の住民は豪雨の際に斜面から土砂を伴った大量の泥水が住宅地へ流出するのをこれまで何度か経験して、大規模土砂災害発生の不安を抱いていた。Ａ組の９名の住民には、テーブルを囲んで防災マップづくりをしてもらった。防災マップ作成に当たっては、想定される被害とともに避難路について検討してもらった。防災マップづくりを行った結果、土砂災害特別警戒区域（土石流危険渓流）に指定されている小河川に架かる橋が避難経路となるため、早期避難が不可欠との結論に至った。また、Ａ組の下流のＢ組も同様な土砂災害発生環境にあることから、つぎのワークショップはＡ組とＢ組の合同で開催することが提案された。

　つぎのワークショップには、Ａ組から７名、Ｂ組から10名、合計17名の住民が参加した。Ｂ組の住民も令和２年台風19号の際、自分自身が危険を感じた経験から、早期避難の必要性について納得し、Ａ、Ｂ組が早期避難の実現について、一体となって取り組むことで一致した。このワークショップで、リスク・コミュのケーションの第２段階「理解」に至った。早期避難について両組合同で話し合った結果、前述した土砂災害特別警戒区域の中にある橋を含む２つの組の範囲でも交通渋滞が発生するが、さらに下流の道路でも渋滞が発生すると、避難が困難になるの

ではないかという意見が出た。新たな避難路を整備することを町に要求すべきという意見も出たが、下流の組に協力を求める必要があることから、組単位ではなく地区としての避難計画を立てる必要があるということで一致した。そこで、ワークショップに同席した区長や地区の執行部が、次回のワークショップにはA、B組の住民とともに地区の役員（組長等）や団体に集まってもらうという方針が示された。このように、特定の組を対象としたワークショップ開催は、理解の難しい土砂災害に対する警戒避難のための具体的対策を抽出し、地区防災計画策定を推進するのに有効なステップとなった。

逃げどきチャートを表示するウェブサイトの画面を図－7.4に示す。図中の✕印は土砂災害危険度をリアルタイムで評価している斜面の位置を、その右の0の数字は、リアルタイム雨量観測の入田観測点を示している。左のチャートは1分ごとに解析結果を反映させて土砂災害発生危険度を表示する。土砂災害警戒情報が2時間後の町単位の地域の土砂災害発生リスクを示すのに対して、本手法は現在の✕印の斜面の局所的な土砂災害発生危険度を評価している。ワークショップに参加した住民は、逃げどきチャートの意味を理解したが、時間が経つにつれ、忘れてしま

図－7.4　逃げどきチャートを表示するウェブサイトの画面

うだろう。また、ワークショップに参加しなかった住民は、ウェブサイトについて知らされても、チャートの意味がわからない。したがって、ウェブサイトに逃げどきチャートの意味を解説する情報（解説情報）を提示することにした。解説情報に表示する情報項目、その配置については西桂町の区長・防災リーダーの皆さんの意見を取り入れ、解説文についてはこのワークショップに参加した住民の皆さんの意見を反映させた。例えば地下水位が限界地下水位の38％で危険度レベル4の場合、図−7.4の右に示すような危険度を解説する情報が表示される。

7.5　アンケート調査に基づいた避難シミュレーション

翌年の2021年には、西桂町が地区の各世帯を対象として、避難先についてのアンケート調査を実施することが決定された。アンケート票は筆者らが作成し、西桂町が内容を確認し、町が地区の区長、組長へ調査を依頼して、全戸配布、組単位でのアンケート票の回収によって、アンケート調査が実施された。配布数は334、回収は212で、回収率は63.5％だった。

地区防災計画策定作業は、市町村や防災の専門家の支援のもと、地区の代表者の参加する会議やワークショップを通して進められる（佐藤ほか，2017）（鈴木，2019）。そこで抽出された個別課題や対策が、地区住民の意見が反映されているか否か、受け入れられているか否かを確認するために、アンケート調査は効果的と言われている（東，2021）。また、地区住民の防災意識の把握や、役員の動機づけのためにも、アンケート調査が活用されている。

アンケート調査では、最初の設問で、西桂町が避難情報を発令したら、事前に立ち退き避難をしようと思うか否かについて質問した。その結果、212の回答のうち162（76％）は避難すると回答したが、49（23％）が避難しない、と回答した。未回答は1だった。「避難しない」と回答

した世帯に避難しない理由について質問したところ、「自宅にいれば命は助かると思う」と「そもそも避難所には行きたくない」の回答が同数で16、「いざという時は何とかなる」が6、「避難をしたくても移動手段がない」が5と続いた。避難しないと回答したのは、土砂災害ハザードマップで色塗りされていない地区の世帯だった。ところが、この地区では、過去の台風の際に柄杓流川が氾濫し、被災した経験があった。

　避難すると回答した世帯に、避難の際の移動手段について質問した。自家用車が圧倒的に多くて134（82％）で、徒歩はわずか19（12％）だった。避難すると回答した世帯には、避難先を回答してもらった。町指定の避難所が99、富士みち（国道39号線）を西方向が21、富士みちを東方向が13という結果だった。避難先を指定避難所と回答した99世帯でも、81世帯が車による避難を選択していた。

　さらに、車による避難を選択した世帯には、車の台数について質問した。世帯数134に対して車の台数は213台だったので、1世帯平均で1.6台ということになる。アンケート票の回収率が63.5％だったので、車の台数を0.635で除して整数化した数を、以下の避難シミュレーションにおいて、各組の位置から発生させる車の台数とした。

　避難シミュレーションを実施する目的は、慌てて一斉に避難を開始すると、渋滞の発生するボトルネック交差点が現れ、円滑な避難が困難になることに、①地区住民が気づき、②理解した上で、③解決策として避難経路の変更、移動手段の変更などの避難の方法について、住民自らが見出し、④避難計画を策定することを支援することだ。すなわち、リスク・コミュニケーションにおける気づき（Awareness）、理解（Understanding）、解決（Solution）、実行（Enactment）を円滑に進めるため、避難シミュレーションは有力なツールとなる（鈴木ほか，2018）。

　各組のアンケート調査結果から算定した数の車を発生させ、避難シミュレーションを行った。各組には車の発生地点を1箇所設定し、18秒／台

の速度で車を発生させ、車の走行速度は時速 20km と設定した。道路ネットワークには交通信号機を配置し、交通信号機の周期と現示秒数は、現地で実測して設定した。車の最終地点は、町の指定避難所であるいきいき健康センターと富士みち（国道 39 号線）上に東側に 1 箇所、西側に1 箇所設定し、これらの地点に到達したら車を消失させることとした。

　筆者らは、渋滞を回避するための解決策を事前に検討し、避難経路や避難のタイミングをブロックごとに制御する避難と、一斉に最短経路で避難の 2 つのケースについて、予め避難シミュレーションを準備しておいた。前者の避難シミュレーションを可能とするために、地区を構成する 13 の組を 5 つのブロックに分類した。避難シミュレーションでは、移動を開始するタイミングとともに発生させる車の経路を、避難先に応じて、それぞれのブロックに予め設定することを可能としている。

　図－7.5 に地区のブロック分けを、推奨する避難経路とともに示した。ブロックをさらに分割して数字が付与さているのが組番号だ。ブロックNo.1 ～ 3 は 9 つの組で構成されている。これらのブロックの住民は、富士みち（国道 139 号線）へと避難する場合は、通常であれば必ず西桂町役場前の交差点を経由するので、この交差点で大渋滞が発生するのは明

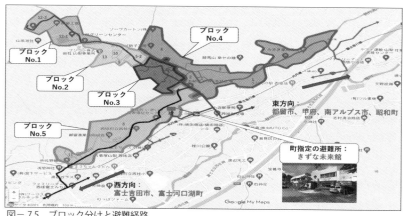

図－ 7.5　ブロック分けと避難経路

らかだ。土砂災害発生リスクのもっとも高いA組、B組の円滑な避難のためには、ブロックNo.1から避難を開始し、No.2、No.3の順に時間差を設けた避難が望ましい。一方、ブロックNo.4を構成する4つの組も、富士みちを利用する場合は、通常は西桂町役場前の交差点を経由している。したがって、このブロックには柄杓流川を渡らない東の道路を避難経路とするように、別のブロックとしてまとめた。残るブロックNo.5は、他のブロックとあまり影響を及ぼしあうことのないブロックなので、避難に制限を設ける必要はない。

7.6　避難計画作成のための合同ワークショップ

　A、Bの2組によるワークショップの最後には、次回からはA、B組の住民とともに、役員に集まってもらうという方針が執行部から示された。したがって、つぎのワークショップでは、この方針に従って参加者が招集され、会場も下暮地地区公民館から西桂町いきいき会館へと変更された。

　ワークショップでは、アンケート調査結果に基づいて各組の位置から避難する車を発生させ、一斉に避難を開始した場合の避難シミュレーションの結果を動画で提示し、4か所でボトルネック交差点が発生することを示した。ボトルネックNo.1はA組とB組の車が合流する交差点、ボトルネックNo.2とNo.3はその下流域、ボトルネックNo.4は柄杓流川の北側に居住する住民が、川を渡って西桂町役場前交差点へと向かうための交差点だ。ワークショップでは、一斉避難で発生する交通渋滞を見て、いつ避難を開始するか、避難の際の渋滞を解消する方法はあるか、そのために、①自らすべきことは何か、②誰に何を要望するか（他の組の住民、西桂町役場、……）、③これからすべきことは何か、について、参加者に自由に話し合ってもらった。その結果、以下のような意見が出た。

・ボトルネック（交通渋滞箇所）の解消が必要

・できるだけ乗り合って車の数を削減すべき

・できるだけ早く避難を開始する

・ブロックに分けた時間差避難が必要だ

・避難先、場所に応じて避難経路を選択する

・避難には他の組の住民の協力が必要だ

・指定避難所へはできるだけ徒歩で避難する

　このように避難シミュレーションは、避難経路や避難開始のタイミングを制御するための地区における合意形成に大いに有効であり、当初想定していた解決策が、住民の口からすべて出され、これらを避難計画の基本とすることが決定された。

　西桂町では、12月に区長ならびに組長が交代することになっている。したがって、区長には、12月4日に開催される最後のワークショップには、できるだけ多くの組長を参加させることが要求された。また役場には、組長が全員入れ替わっているので、土砂災害ハザードマップについて、改めて参加者に説明することが求められた。一方、筆者らは、上記の解決策の有効性を示すことのできる避難シミュレーションを準備することを約束した。

　ワークショップには、A、B組の住民も引き続き参加し、執行部、組長、日赤看護団を含め住民19名、役場3名、山梨大学4名の26名で行われた。このワークショップは、下暮地地区の警戒避難に関する地区防災計画の骨子を決める会と位置づけたので、前々区長、前区長が新区長とともに参加した。ワークショップでは、土砂災害ハザードマップについて役場から説明が行われた後、筆者らがこれまでの地区の活動について、①アンケート調査によって土砂災害ハザードマップの理解不足が顕在化し、②地区防災ワークショップを実施した結果、モデルとなる組単位で土砂災害の勉強会が必要との結論に至り、③モデルとしてA、B組が選ばれて警戒避難について検討し、逃げどきチャートが提案され、④アン

ケート調査によって避難先と避難方法について確認され、⑤避難シミュレーションにより一斉避難の課題が浮き彫りになり、そして⑥地区防災ワークショップでは避難のタイミングとブロック単位の時間差避難について提案された、ことを説明した。さらに、逃げどきチャートについて、そのメカニズムとともにリアルタイム雨量観測点と土砂災害発生リスクを評価している斜面を含めて説明し、避難先と避難手段についてのアンケート調査の結果について、避難シミュレーションの条件を含めて概略説明した。

つぎに、一斉避難のケースの避難シミュレーション結果の動画を提示し、ボトルネック交差点が発生することを説明し、上述の7つの解決策について説明した。もちろんA、B組の住民にとっては既知のことだが、初めてワークショップに参加する新区長、組長へ、十分引継ぎは行われてないものと考えて、詳しく説明するように心がけた。その後、地区を図-7.5に示す5つのブロックに分け、ブロックごとに避難開始時間と避難先に応じた経路を指定した統率のとれた避難の条件で実施した避難シミュレーション結果を提示して、意見交換をしてもらった。

住民からは町丁目ではなく組番号で避難情報を発令してもらいたい、徒歩での避難を容易にするため避難路を整備してもらいたい、といった町役場に対する要望が出た。また、新区長からも、校長をしていた頃の災害経験に基づいて、確かにA、B組のようにとくに危険な河川の合流部を渡って避難しなければならない組があるので、組単位で避難させることが必要だとの発言があった。

そこで、筆者は、図-7.5に示すブロック別の避難経路を提示した上で、何を避難スイッチとしてどのタイミングで避難するかを、歴代3区長と西桂町役場で話し合い、避難計画を地区防災計画としてまとめてもらいたい旨、お願いした。健康福祉課長の永田由永氏から、地区防災計画を策定する方針が伝えられ、参加者の全員一致により承認された。また、

筆者らの提案する逃げどきチャートを、避難スイッチとして避難計画を
策定する提案があり、全員一致で承認された。とくに、限界地下水位に
対する現地下水位の位置を示す黄色と赤色のチャートは、わかりやすい
と高評価を得た。2021年12月に就任した新区長をはじめ、この事業に
関わった歴代の3区長が中心となり、ここに永田氏が加わって、4名体
制で計画の原案を作成することとなった。なお、永田氏は、市の職員で
あるとともに下暮地地区に居住する住民であり、健康福祉課長の前職は総
務課長で、町の防災のトップとして防災に取り組んでおられた。

　下暮地地区の地区防災計画は、避難経路は決まったが、ブロック別時
間差避難を実施するための統制のとれた避難計画までには至っておらず、
避難開始は各世帯で避難スイッチを設定して決めることになる。地区か
ら筆者に対して、各世帯に配布する避難行動表の提案が求められたので、
中央市リバーサイド地区の避難行動表を参考にして（鈴木，2020）、図
－7.6に示す各世帯で作成する避難行動表を提示したところ、本地区の
地区防災計画に採用された。下暮地地区の地区防災計画の副題は、「命を

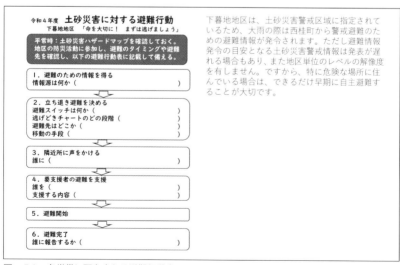

図－7.6　各世帯に配布される避難行動表

大切に！まずは逃げましょう」であった。各世帯で、地区内のワークショップや避難訓練を通して、より具体的な計画へとブラッシュアップが図られ、避難行動表が見直されることが期待される。

参考文献

- Ishihara, Y. and S. Kobatake（1979）, Runoff Model for Flood Forecasting, Bull. D.P.R.I., Kyoto Univ., 29, pp.27-43.
- 山口弘誠，中北英一，野中理伸（2013），9㎡巨大雨量計の開発による地上雨量計の捕捉率の評価，土木学会論文集 B1（水工学），Vol.69, No.4, I_307-I_312.
- 鈴木猛康，渡辺貴徳，奥山眞一郎（2018），一人の犠牲者も出さない広域避難のための地区防災計画，地区防災計画学会誌，No.13, pp.34-50.
- Takeyasu Suzuki & Takumi Ito (2019), Prediction of Sediment Disasters due to Short-duration Heavy Rain based on Real-time Rainfall Observation, WIT Transaction on The Built Environment, Vol. 189, Safety and Security Engineering Ⅷ, pp. 91-99.
- Takeyasu Suzuki, Takumi Ito & Satoshi Goto（2021）, Development and Implementation of a Real-time Sediment Disaster Alert System, WIT Transaction on The Built Environment, Vol. 206, Safety and Security Engineering IX , pp.69-80.
- 鈴木猛康，呂佳栓，伊藤巧（2021），土砂災害における自主避難を促進するための地区防災の試み　―山梨県西桂町下暮地地区の地区防災計画策定支援―，地区防災計画学会誌，No.21, pp26-37.
- 東善朗（2021），アンケート調査を用いた地区住民組織と地区住民のコミュニケーション　―岐阜県における５つの実践事例―，地区防災計画学会誌，No.20, pp.45-46.
- 佐藤翔輔，相澤和宏，伊妻伸之，遠藤匡範，高橋大輔，平間雄，岩崎雅宏，皆川満洋，高橋里佳，今井健太郎，阿部利江，戸川直希，今村文彦（2017），効果的かつ無理のない地区防災計画の作成方法－宮城県石巻市と亘理町における実践と評価－，自然災害科学, 36 特別号，69-90.
- 鈴木猛康（2020），コロナ禍の広域避難訓練　―山梨県中央市リバーサイド地区の取組み―，地区防災計画学会誌，No.19, pp.58-70.

第8章

自然災害に曝される
外国人の現状と対策

8.1 災害情報不足に困窮するインバウンド観光客

　世界経済フォーラム（WEF）が発表した 2021 年版の旅行・観光開発ランキングで、日本は初めて 1 位となった。「航空インフラ」、「文化資源」が 4 位、「地上・港湾インフラ」が 6 位と高い評価で、「自然資源」は 12 位だった。日本は観光立国を目指して外国人観光客招致政策（ビジット・ジャパン・キャンペーン）を行った結果、訪日外国人旅行者数は 2017 年で 2,869 万人、2018 年で 3,119 万人、そして 2019 年度は 3,188 万人となって 7 年連続で過去最高を更新した。そこで日本政府は、2020 年の外国人旅行者数の目標を 4,000 万人と設定していたが、新型コロナ感染のまん延により、外国人旅行者が激減した。図－ 8.1 には外国人旅行者数の推移をグラフにまとめている。2022 年度の外国人旅行者はわずか 383 万人だった。新型コロナ感染の終息が近いており、政府は観光立国推進基本法に基づいて 2023 年 3 月 31 日に閣議決定した観光立国推進基本計画に従い、観光の質的向上を象徴する「持続可能な観光」「消費額拡大」「地方誘客促進」の 3 つをキーワードに、持続可能な観光地域づくり、インバウンド回復、国内交流拡大の 3 つの戦略に取り組む

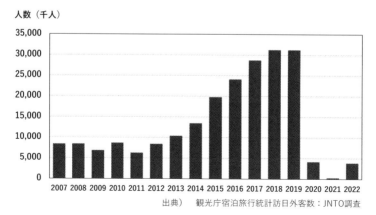

人数（千人）

出典）　観光庁宿泊旅行統計訪日外客数：JNTO調査

図－ 8.1　訪日外国人旅行者数の推移（JNTO 調査）

こととしている。観光は我が国の政策の柱の一つと位置づけられており、我が国はこれから多くのインバウンド観光客を迎えて旅行・観光開発ランキング１位の実力を発揮し、観光立国としての地位を確立することが期待されている。

　日本列島は急峻な地形、脆弱な地質で構成されている。我が国の面積は世界の 0.25％に過ぎないにもかかわらず、世界で発生するマグニチュード５以上の地震の約 20％、活火山の約７％が、我が国の国土ならびに周辺海域に集中している。また、アジアモンスーン地帯に位置する島国であるため、台風が襲来する。そのため、日本では、地震、津波、豪雨、豪雪、台風、高波・高潮、地すべり、がけ崩れ、土石流、火山噴火等、ありとあらゆる自然事象（ハザード，Hazard）の発生する災害多発国なのだ。

　外国から多くの観光客が訪れた 2016 年〜 2019 年に、我が国で多くの外国人旅行者が自然災害に巻き込まれ、混乱が発生する事態が顕在化した。予期せぬ大きな自然災害に直面して外国人旅行者が苦慮したのは、情報の収集だったことが報告されている。彼らは日本のテレビ・ラジオ、インターネットを使って、災害の状況、交通状況等の情報の入手を試みた。しかし、日本語がわからないだけでなく、地名や場所・施設名もわからなかった。また、地震や台風を経験していないので、起こっている自然事象自体が理解できなかった。その結果、日本国内の情報メディアからの情報は役に立たたないし、尋ねる相手もいなかったので、情報が欠如することによるパニック、混乱に陥った。

　2016 年 4 月 14 日 21 時 26 分、熊本県熊本地方においてマグニチュード 6.5 の地震が発生し、熊本県益城町で震度 7 を観測した。また、4 月 16 日 1 時 25 分にはマグニチュード 7.3 の地震が発生し、益城町及び西原村で震度 7 を、熊本県を中心として九州地方の各県でも強い揺れを観測した。この熊本地震による死者は 273 人（うち、直接死 50 人）、負

傷者は 1,142 人だった。また、住家被害は全壊が約 8,700 棟、半壊が約 33,700 棟に達した。さらに、最大約 45 万戸が断水、約 48 万戸が停電、約 11 万戸がガス供給停止となり、交通網も道路・鉄道・空路が一時不通になるなど、甚大なインフラ被害が発生した。

　この地震に遭遇した外国人旅行者に対して、サーベイリサーチセンター（2016）がインタビュー調査を行っている。同センターによる調査結果によれば、地震に遭遇した外国人旅行者が困ったことは、旅行日程が狂うこと以外では、母国語の災害対応マニュアルがない、言葉がわからなくて何処に行けば良いかわからない、テレビなどによる地震放送が理解できない、日本特有の地震情報が理解できない、といった言葉の障壁と文化の相違に起因する内容がほとんどだった。また、地震災害発生時に日本に求める対応として、母国語による災害対応マニュアルの事前整備、理解できる言語による避難誘導、母国語での案内・サイン等が挙げられた。避難や旅行行程で役立った情報について同センターがインタビュー調査を行った集計結果を、図ー8.2 に整理した。20％以上の回答のあった項目を上位から順に列挙すると、母国のウェブサイト、宿泊先の従業員、同行の日本語ができる人、日本のテレビ・ラジオとなった。なお、回答者のうち団体ツアー客の割合は 7.8％に過ぎなかった。

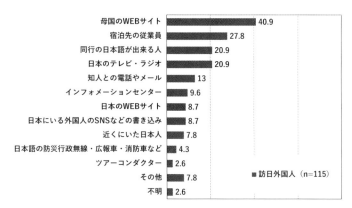

図ー 8.2　避難や旅行行程で役立った情報源（熊本地震）

　2018年9月6日3時7分、北海道胆振地方中東部でマグニチュード6.7
の地震が発生し、厚真町で震度7、安平町とむかわ町で震度6強、札幌
市東区で震度6弱を観測した。この地震による死者は42人、重軽傷者
は762人で、犠牲者の多くは厚真町で発生した土砂災害によるものだっ
た。住家被害は全壊が462棟、半壊が1,570棟、一部破損が12,600棟
に達した。また、道内全域において最大約295万戸が停電し、ブラック
アウトから概ね全域に供給できるまで45時間程度を要した。

　この地震に遭遇した外国人旅行者に対しても、サーベイリサーチセン
ター（2018）がインタビュー調査を行っている。同センターの調査によ
れば、地震に遭遇した外国人旅行者が困ったことは、停電・スマートフォ
ンの充電、旅行日程が想定できない他、言葉がわからなくてどこに行け
ばよいかわからない、母国語の災害対応マニュアルがない、といった言
葉の障壁に関する内容だった。また、地震災害発生時に日本政府に求め
る対応として、母国語による災害対応マニュアルの事前整備、理解でき
る言語による避難誘導、母国語での案内・サイン、という回答が上位を
占めた。避難や旅行行程で役立った情報に関する同センターによる調査
結果を図－8.3に整理した。20％以上の回答のあった項目を上位から順
に列挙すると、宿泊先の従業員、ツアーコンダクター、日本にいる外国

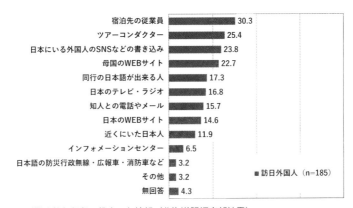

図－8.3　避難や旅行行程で役立った情報（北海道胆振東部地震）

人の SNS などの書き込み、母国のウェブサイトとなった。なお、回答者のうち団体ツアー客の割合は 34.5 ％だったので、熊本地震の調査ではなかったツアーコンダクターが、役立った項目の 2 番目に挙がっている。

　被災地にいながら、母国のウェブサイトに頼らなければならないほど、被災地から災害情報を得ることができていないことに、読者は驚かれたのではないかと思う。団体ツアーに参加した旅行客はツアーコンダクターや同行の日本語ができる人から情報を得る術があろうが、団体ツアーではない多くの外国人旅行者は、インターネットを用いて情報を収集しようとした。しかし、なかなか必要な情報を得ることはできなかった、ということだろう。地震災害発生時に外国人旅行者が求める対応として、母国語による災害対応マニュアルの事前整備、理解できる言語による避難誘導、母国語での案内・サインが挙げられたが、地震が発生した直後の混乱状態で、災害対応マニュアルを読んでいる余裕はないので、やはり避難誘導を母国語で行うことが求められる。一方、外国人旅行者に役立った情報収集手段の一つが、「宿泊先の従業員」からの情報だった。これらの地震は、夜あるいは早朝に発生しているので、旅行者は宿泊施設にいたと考えられる。中小規模の宿泊施設では、外国語が話せる従業員はほとんどいないのが実情だ。したがって、外国人旅行者は身振り手振りを交えながら、宿泊先の従業員と何とかコミュニケーションをとったはずだ。地震の情報ならびに宿泊者のとるべき行動について、地震を経験したことのない宿泊者が多いことにも配慮して、何が起こり、それがこれからどう進展するかの情報を含めて、外国人旅行者に母国語でわかりやすく伝達することが、宿泊施設には求められる。

　サーベイリサーチセンター（2019）は 2019（令和 3）年台風 19 号でも、外国人旅行者に対して同様なインタビュー調査を行っている。この調査では、滞在中のホテルで災害情報の提供があったか、について質問を行っている。回答結果は、滞在中のホテルで災害情報の提供があり、理解で

きたが49.5％であったのに対して、災害情報の提供はあったが理解できなかったが7.9％、災害情報の提供がなかったが31.3％だった。また、滞在していたホテルで災害情報の事前の説明があればスムーズに行動できたか、の問いに対しては、できたと思うという回答が48.9％、多分できたと思うが15.9％、できないと思うが13.7％だった。なお、個別回答欄には、台風の襲来のない国なので台風の状況がわからなかった、想像もできなかった、等が記載されていた。

8.2　AI翻訳アプリの出現は
外国人観光客にとって救世主となりうるか

　ドキュメンタリー作家の柳田邦男（2011）は、東日本大震災を振り返る著書の中で、災害情報には、①何が起きているのか、②それがどのように進展するのか、③そのときとるべき行動を、④わかりやすい言葉で提供すること、の4つ要素が必要と述べている。災害情報提供の最終目的は、対象者に適切な行動をとってもらうことだ。そのためには、①と②によって現状と将来予測を理解することが必要であり、対象者にしっかり理解してもらうためには④が不可欠なのだ。筆者はこの4要素を用いて、自治体の災害情報システム上に、避難情報を作成するソフトウェアを開発した。避難情報はいくつかにパターン分類できるので、あらかじめ4つの要素に基づいて定型文を作成、登録しておくと、これらを組合せた避難情報発令の文書が作成できる。災害対応業務に慣れていた新潟県見附市などは、定型文登録機能を上手に使いこなしていた（鈴木・津田，2012）。

　筆者は地震情報提供に対する留学生の対応行動について、中国人留学生を対象とした実験を試みたことがある。実験対象の留学生は、中国の異なる地方の出身者で構成した。実験の結果、過去に地震を経験したか否か、学校や家庭での防災教育の相違によって、留学生の地震時の対応

行動が随分異なることがわかった。そもそも中国では震度階や耐震設計が我が国とは異なるため、気象庁による地震情報や市町村からの避難情報を直訳して伝えたとしても、留学生には正確に伝わらず、むしろ誤解を招くことさえあることがわかった（Suzuki & Jing, 2020）。そのせいか、気象庁はホームページに記載した情報を、勝手に翻訳して公開することを禁じている。つまり、外国人観光客へ災害情報を提供する場合は、前述の4要素に加えて、災害経験、文化、習慣、法制度が国によって異なることにも配慮する必要があるのだ。2020年より気象庁は防災気象情報を多言語で伝えるようになったが、残念ながらまだ日本語の直訳の域を出ていないので、外国人観光客の理解を得るのは難しいと筆者は思っている。

　近年、AI翻訳ソフトの性能が飛躍的に向上している。AIの応用が盛んに行われるようになった結果、小型翻訳機POCKETALK（ポケトーク、AI通訳機として販売）やスマートフォン・タブレット端末の翻訳アプリを用いて、異なる言語で相互に日常会話ができるようになっている。著者にもイタリアへ出張し、田舎町の英語の通じない小さなホテルに宿泊した際、小型翻訳機が役立った経験がある。また、英語で研究論文を執筆する際には、まず翻訳を意識したやさしい日本語で文章を書き、その文章をAI翻訳エンジンに翻訳させ、さらに単語を専門用語に置き換えたり、専門分野の言い回しとなるように自ら文章を修正したりすることによって、研究論文を完成させていた。そのような使い方ができるくらいAI翻訳エンジンの機能が日進月歩で向上している。20年ほど前に高価な翻訳専用ソフトウェアを用いて論文翻訳を試したことがあるが、その頃の翻訳ソフトウェアはほとんど使いものにならないレベルだったと記憶している。

8.3　多言語翻訳アプリの開発経緯

　筆者は防災科学技術研究所において、減災情報共有プラットフォーム
の開発に携わっていた。この国家プロジェクトの推進リーダーとして、
住民、ライフライン事業者、消防本部と市町村の間で災害情報を共有し、
都道府県と情報連携させる情報システムの構築に取り組んでいた。現在、
L-Alert（エル・アラート）の名称で知られている総務省の所管するこの
情報システムは、各市町村で集められた被害情報や避難情報を、都道府
県が有するサーバーで集計するとともに、メディアへ自動配信すること
によって、テレビ、インターネット、スマートフォン等で避難所運営状
況や被害情報をほぼリアルタイムで受け取れる環境を提供している。上
記の研究プロジェクトによって様々な災害情報を様々な機関で共有でき
る環境とその有効性について証明したことが、L-Alert の仕組みをつくる
ことに貢献した。被害情報を構成する情報項目に個別の定義を設けて公
開し、通信言語（プロトコル：データをやりとりするために定められた
手順や規約、信号の電気的規則、通信における送受信の手順などを定め
た規格）を定めることによって、異なる組織の情報システム間でも共有
データベースを介して災害情報を登録、取得できる情報共有の仕組み（プ
ラットフォーム）が、総務省の地域情報プラットフォームとなって役立っ
ていることに誇りに思っている。

　筆者の主宰する特定非営利活動法人（NPO 法人）防災推進機構は、減
災情報共有プラットフォームの開発プロジェクトに携わった研究者仲間
が集まり、開発した減災情報共有プラットフォームを研究に留めること
なく実用化させること、IT 防災を全国へ普及展開させることを目的とし
て、2009 年に設立された。正会員のほとんどは研究者で構成されてい
るが、賛助会員として IT ベンチャー企業等が参加している。筆者はこの
NPO 法人を設立して理事長に就くと同時に、山梨大学へ異動し、防災へ

のIT適用に関する実証的研究を推進して、IT防災を全国へ普及展開させる研究活動を行うこととなった。

　NPO法人の賛助会員である複数のITベンチャー企業の仲間の間で、国立研究開発法人情報通信研究機構（NICT）による国産の翻訳エンジンの開発が話題となった。NICTが開発したスマートフォン用の多言語音声翻訳アプリVoiceTraは、既にスマートフォンの無料アプリとして公開されていた。筆者は賛助会員各社に、NICTのAI翻訳エンジンを利用した便利な翻訳アプリは、災害時の外国人観光客への母国語による情報提供が可能となるので、ホテルでも避難所でも、災害に遭遇して苦悩する外国人観光客にとってもまさに救世主となりうると説明したことを覚えている。災害多発国・日本におけるインバウンド観光にとって、多言語翻訳アプリは大きな安心材料を提供する。当然ながら、平常時に使われていないものが災害時に使われるわけがない。市町村では受付窓口で、観光会社や観光協会の案内所、鉄道の駅、美術館、遊園地、動物園、植物園等での案内や説明などの場面で、むしろ平常時の使用に多言語翻訳アプリは有効との結論に至った。

　VoiceTraは1台のスマートフォンを会話する2人の間に置き、日本語と外国語の相互翻訳を1対1で行うことのできるアプリだ。いわゆる小型翻訳機のスマホアプリ版と言える。Google翻訳もその後に開発されたが、VoiceTraと同様に2人が対面で使う翻訳アプリだ。ここでガイドが美術館を回りながら、それぞれの展示箇所の前で多国籍の鑑賞者に説明するケースを想像してほしい。ガイド1名で複数かつ多言語で説明できたら、外国人観光客にとってはありがたいのではないだろうか。そのためには1対N、日本語対多言語に対応できる翻訳アプリが必要なのだ。鑑賞エリアに入ると充実した解説を見たり聞いたりするこのできるスマホアプリもある。しかし、やはりガイドから母国語で説明を聞き、母国語でガイドに質問できると、さらに充実した鑑賞ができる。

　これまで外国語に対応できなかった中小規模のホテルや旅館でも、平常時、災害時を問わずこの翻訳アプリを用いて外国人観光客に適切な情報提供ができるし、外国人観光客からの質問に答えることもできるので、極めて有効なツールになることは言うまでもない。そもそも日本人は外国語が不得意な人種だ。だから、言葉の壁さえ取り除くことができれば、一気に視界が開け、新たなインバウンド観光ビジネスの展開が期待できるのではないだろうか。多言語翻訳アプリのビジネスでの活用シーンが、無限に拡がるのだ。

　複数のベンチャー企業によって、1対N、日本語対多言語で相互に会話できる多言語翻訳アプリの開発、具体的にはNICTの国産翻訳エンジンを使って、1台のスマートフォン（あるいはタブレット端末）と複数のスマートフォン（あるいはタブレット端末）が多言語で会話できるシステムづくりが始まった。総務省OBや筆者を含めた研究者や技術者がチームをつくり、このアプリを用いることを前提とした多言語翻訳アプリの実用化に向けたプロジェクトが始まったのだ。ただし、普段使っていないアプリが災害時に使われるわけがないので、筆者は観光のような平常時にアプリが使われる環境を、みんなでつくることを提案した。筆者も、外国人観光客を対象とした災害対応について、研究開発を担当することとなった。外部研究資金に応募して、研究資金をある程度確保することができたし、筆者の研究室には大学院生の留学生が多く在籍していたので、容易に被験者を集めることができた。

　実際のホテルと遊園地で、翻訳アプリを用いた実際の従業員と外国人観光客（留学生）との災害対応実験について、第9章と第10章で紹介するが、その前に、開発した多言語翻訳アプリ「SmaLingual Pro」の使い方を説明しておく。SmaLingual Pro は App Store や Google Play からダウンロードすることができる。ホテルスタッフや遊園地の従業員は、予めこのアプリを各自のスマートフォンにダウンロードしていることを

前提とする。アプリを起動して ID とパスワードを入力すると言語選定画面となる。日本人はここで日本語を選択する。「会話をする」を選択すると、図－ 8.4(a) の QR コードが表示される。話し相手（外国人）は (a) の QR コードをスマートフォンのカメラで読んで URL をタップし、(b) のように言語選択画面で言語を選択する。つぎにスピーカーとマイク使用の許可を求められるので許可をすると会話の画面となる。あとは画面下に配置されたマイクボタンを押し、色が緑から赤に変わったら発話し、会話が終わったらマイクボタンを押して緑に戻せば、発話内容がサーバーに送られて言語変換が行われる。すなわち、話し相手はアプリをインストールする必要はない。また、何人でも会話に加わることができるし、複数の言語で同時に参加できる。QR コードは施設の入り口、案内所等の壁やスタンドに提示しておいても良い。この本が発刊される頃は、ボタン操作が不要になり、言語選択も不要で、AI が言語を自動的に判別してくれるようになっている。

　自分の会話とともに相手の会話が、日本語と外国語の両方で画面上にテキスト表示され、会話をタップすると音声を何度でも聞くことができ

(a) QRコード提示　　　(b) 話し相手（外国人）が会話までに行う操作手順

(c) 定型文選択（左）と受信（右）の画面

図－ 8.4　多言語翻訳アプリの操作手順

る。マイクをオフにして音声ではなくテキスト入力にしても良いし、その際、予め登録しておいた定型文を呼び出すこともできる。筆者が重要視するのはこの定型文登録機能だ。例えば、火山噴火というカテゴリーを登録し、図－8.4(c) 左の画面のように火山噴火が発生した場合の伝達文を登録しておけば、周囲が混乱した環境下でも、確実に予め登録した内容のメッセージを伝達することができる。右は英語を選択した相手のスマートフォンの受信画面を示している。外国人観光客に対して災害時に提示すべき情報を事前に準備・登録しておけば、観光施設、レストラン、お土産物屋等で困惑した外国人を情報提供によって支援できる。もちろん、自治体は各施設に対して正しい災害情報を提供するとともに、支援を依頼する必要がある。

8.4　災害時に困窮する在留外国人の現状と対策

　災害時に、外国人に対する災害そのものや被災者の生活支援、気象に関する情報の提供等が重要性を増していることを踏まえ、外国人が災害発生時に迅速な避難行動をとれるようにするため、関係省庁が連携して必要な防災・気象情報を容易に入手できる環境整備を行っている。2022年に総務省、消防庁、気象庁は、防災・気象情報等に関する多言語辞書を 14 か国語に拡大するとともに、市町村の発令する避難情報（高齢者等避難、避難指示、緊急安全確保）に関係する用語を 14 か国語で多言語辞書として整理した。観光庁はこれらの多言語辞書を活用して、外国人に対して国内における緊急地震速報、津波警報、気象特別警報、避難情報等をプッシュ型で通知できる災害時情報提供アプリ「Safety tips」の対応言語を 11 か国語から 14 か国語に拡大し、より多くの国・地域から訪れる外国人に対して、災害時に情報を多言語で発信できる仕組みを構築している。ただし、令和 6 年能登半島地震の際、筆者は Safety tips で地震情報を確認しようとしたが、度重なり発生する余震のリストが画面

一杯に表示されて本震のリストが確認できなかった。Safety tips の言語として英語を選択した場合のホーム画面を図－8.5 に示す。また同アプリでは、事前に学習教材として、日本の震度、各種警報や避難情報等の解説も行っている。しかし、前述したように、情報は日本語の解説を直訳したものとなっており、外国人にとっては必要であるものの、十分な内容とは言い難い。少なくともこの内容では、まだインバウンド観光客に理解してもらうのが難しいのではないかと思う。気象庁ホームページにおいては、気象警報、地震情報、津波警報等の他、直観的に大雨、洪水、土砂災害の危険性を認識できるよう、色・数字で危険度を示した地図（危険度分布）を 14 か国語で提供している。このような多言語化は、緊急

地震速報、津波警報、気象特別警報、火山噴火速報、熱中症情報、医療機関、弾道ミサイル発射等の国民保護情報、交通情報、避避難情報等について行われている。

一般財団法人自治体国際化協会の発行する「災害時の多言語支援のための手引き 2018」に基づいて、全国市町村国際文化研修所（以下「JIAM」）に（特活）多文化共生マネージャー全国協議会（以下「NPO タブマネ」）が「東北地方太平洋沖地震多言語支援センター」（以下「多言語支援センター」）を設置して活動した内容を紹介する。2011 年 3 月 11 日の午後 2 時過ぎ、非常に大きな揺れが感じた直後、NPO タブマネからメーリング

図－8.5　Safety tips のスマホ画面

リストに各地の状況報告を求めるメールが流れた。次々と流れてくるメールの中には、石巻市の NPO タブマネからの連絡もあった。この間、NPO タブマネでは各自の所在地と状況を確認し合い、滋賀県の JIAM 内に支援本部を設置する方向で関係者と調整を進めた。これと並行して、メーリングリストを通じて翻訳協力者を募った。JIAM 施設の使用許可を待ち、発災から約 3 時間後、NPO タブマネ役員のうち 3 名が JIAM に参集した。19 時には同施設内に多言語支援センターが開設された。その後、多言語支援センターの開設及び主な活動方針について、メーリングリストに次のとおり情報提供した。当面の対応は、① 多言語情報の準備態勢の整備、② 被災地域への多言語情報提供の支援、③ 被災状況の把握と今後の対応の検討、とした。

　多言語支援センターでは、土井氏がセンター長及びコーディネーターを務め、当初は関西在住の NPO タブマネを中心に、その後は（財）自治体国際化協会からの派遣要請依頼を受けて、全国の自治体及び地域国際化協会等職員らが JIAM に参集し、情報収集や翻訳依頼等の業務を担った。多言語支援センターの運営に携わったスタッフは、51 日間で延べ 500 名ほどだった。支援の内容は、毎朝、新聞やＴＶ、インターネットニュース、政府各省のウェブサイト等を参照し、外国人に必要と判断される情報を選択し、定型フォーマットにまとめたうえで、夕方 6 時を目処に各協力団体のコーディネーター宛にメールで翻訳を依頼するというものだった。翌日の午前中に返送された翻訳物を、企業の協力を得て立ち上げた専用のウェブサイト「Earthquake Information」に掲載した。対応言語は 11 言語（日本語、英語、中国語、ポルトガル語、タイ語、タガログ語、スペイン語、韓国・朝鮮語、インドネシア語、ベトナム語、やさしい日本語）だった。災害情報のカテゴリーとしては、①緊急情報、②出入国、③放射能・原発事故に関するもの、④ライフライン、⑤医療・健康、⑥交通状況、⑦安否確認、⑧その他、大切なお知らせ、⑨補償だった。多言語

支援センターの運営に携わったスタッフによる献身的な支援活動によって、外国人は昨日の夕方までの情報を午前に得ることができだ。

　熊本市国際交流振興事業団（2016）によれば、2016 年熊本地震の際は熊本市国際交流会館に外国人避難対応施設が開設され、同事業団が施設を担当した。当施設には団体旅行や個人旅行の外国人観光客が殺到したが、交通情報を入手したり、旅行社でバスを手配したりして、すぐに熊本から脱出した。韓国、中国等の在住自国民が多い国では、領事館が福岡までのバスを手配し、自国民の熊本脱出を支援した。しかし、残りの在留外国人は住宅の損壊や食器類の落下、破損により、不安と恐怖から同施設で宿泊を余儀なくされることとなった。会館内については同事業団が対応し、外国人とともに生きる会（コムスタカ）が毎日炊き出しを行う等、数十名の避難者を勇気づけた。しかし、同事業団は、館内での避難所運営に悩殺され、館外の避難所巡回まで手が回らなかったと、当時を振り返っている。

　在留外国人の多くは、避難所が開設されている近くの小学校に行ってはみたものの、災害情報は日本語でしか提供されず、弁当の受け取り方もわからず、まわりは日本人ばかりで誰も支援してくれずに孤立してしまい、避難所を出てしまったものも多い。渡辺（2016）は、今後の教訓として、「不安を抱える外国人はいないだろうか」という意識を持ち、避難所運営者やボランティアが、片言の英語や日本語でもいいので、声をかける心配りをしてほしいと綴っている。また、行政側に「災害弱者」である外国人被災者の把握、場合によっては外国人避難施設への誘導を求めている。さらに、複数の外国人が、「避難所の過ごし方に日本との文化の違いを感じた。大変な時ほどたくさん会話をして不安を解消したいのに、静かに過ごすことが求められ、ストレスがたまった」と不平・不満を漏らしたという。渡辺（2016）は、疲れてゆっくり休みたい避難者への配慮は必要だが、可能な範囲でストレスを解消できるスペースを設

けたりすると喜ばれると思うとまとめている。

　海外では屋外にテントを張って被災者を収容することが多い。ところが、日本では体育館に雑魚寝する避難所運営が一般的だ。多くの人で混雑する避難所に、言葉や文化が異なる外国人が入っていくことだけでも勇気のいることであり、また避難所での外国人のふるまいが日本人の目からは奇異に映ることもあって、「日本人に殴られた」、「出て行けと言われた」など、過去の災害では毎回といってよいほど外国人が避難所で排除される事例が発生している（田村，2021）。

　避難所の開設・運営は市町村の職員が主体となって行うが、実際の運営は自治会やボランティアが実施する。その際、市町村職員は外国語で説明できないし、ましてや住民は外国語でコミュニケーションをとることができない。その結果、外国人が事実上孤立してしまうことになり、情報も食べ物も与えられずに我慢を強いられる。令和6年1月22日放送のNHKスペシャルは、令和6年能登半島地震における穴水市の避難所を取り上げた。そこでは、避難所には入れたものの日本語がわからないため情報が受取れず、部屋の隅で不安を抱えてふさぎ込む在留外国人の姿を紹介した。情報の多言語化は、確かに「手段」であって「目的」ではないが、外国人とのコミュニケーションがとれることになれば、外国人がある程度安心して避難生活を送ることができるのではないだろうか。多言語翻訳アプリの適用は、避難所を担当する市町村の職員にとっても、避難者やボランティアにとっても、安心を与えるツールになると思われる。ただし、避難所のルールや救援物資に対する考え方にズレがある中、「ご自由にお取りください」をそのまま翻訳すればかえって混乱を招くので、「数には限りがあります。必要な数だけお取りください」と訳して、案内文を貼り出したのだそうだ（田村，2023）。

　筆者は山梨県国際交流協会主催の災害時外国人支援セミナーに参加した。セミナーでは、NPO多文化共生マネージャー全国協議会の代表理事

より、「災害時における外国人支援とやさしい日本語」について講義があり、災害時の在留外国人の避難の現状や災害時多言語支援センターによる支援の大切さについて教えていただいた。その後、5、6人のチームに分かれて、災害時多言語支援センター設置・運営訓練を実施した。訓練では、片言の日本語しか話せない（という設定の）在留外国人3組が、代わるがわる支援を求めて各チーム（センター）にやってきて窮状を訴えた。講義では「やさしい日本語」を使うことの大切さも教わったし、外国語が話せなくても外国人の支援ができると教わった。しかし、迫真の演技の外国人に対して、やはり「やさしい日本語」では対処できなかった。英語を話せるなら英語で、そうでなければスマホの翻訳アプリを使って、コミュニケーションをとらざるを得なかった。弘前大学で行われていた「やさしい日本語」による在留外国人支援の研究は知っていたが (弘前大学人文学部社会言語学研究室，2005)（佐藤，2015）、当時から疑問に感じていたことがあった。それは、やさしい日本語が有効となる外国人は在留期間の比較的長い日常会話程度はできる方ではないか、ということだった。一方、翻訳アプリはスマホの音声認識機能により、正しい日本語に文字変換されないと、正しい外国語には翻訳されるわけがない。「紙」が「髪」に変換されたのには焦ってしまった。やはり文字入力機能や文章登録機能の必要性を痛感させられたのだった。

8.5　政府の多言語対応と観光危機管理の現状

　観光危機管理という言葉をご存知だろうか。聞きなれないという人の方が多いと思う。なぜなら、我が国では観光危機管理はほとんど浸透していないからだ。オーストラリア、米国のハワイ州やフロリダ州、アジアではタイといった国、地域が観光危機管理の先進地だが、我が国では観光立県である沖縄県が観光危機管理基本計画を策定し、沖縄県観光ビューローや県内の一部の基礎自治体が観光危機管理マニュアルを策定

して取り組んでいる程度なのだ。観光危機管理の目的は、災害から観光客を守って安全に帰宅（帰国）させること、そして観光地を守り、早期に観光産業を災害から復興させることだ。地域の行政や観光事業者が一緒になって観光危機管理計画を策定し、それにもとづいて観光の現場が動ける仕組みができあがっていれば、観光客や観光事業者にとって最悪の事態を回避し、その後の観光事業の復興を早めることができる。

東日本大震災の経験を経て、人々や企業の防災や危機管理に対する意識は大いに高まった。BCP（事業継続計画）を策定している自治体、民間企業も多い。ところが、観光分野での危機管理となると、具体的な取り組みや議論はまだ緒についたところなのだ。後述の富士山火山対策においても、富士山火山避難計画（案）では2023年3月にはじめて「観光客」という対象が取り上げられ、噴火警戒レベル3までに帰宅、という方針が出されたところだ。なお、噴火警戒レベルについては次節で解説する。危機が発生すれば、観光客は旅行計画を変更して、その観光地を避けて別の観光地に行ってしまう。インバウンド観光客は帰国を目指すし、諸外国は大災害で自国民を出国させるための措置を講ずる。危機が発生したとき、その土地を訪れている観光客や旅行者の安全を確保し、被災した観光客を救護し、無事に自宅に戻れるように支援することは、観光地・観光関連事業者の重要な責務なのだ。また、被災した現地の状況に関する正確な情報を国内外の関係者にいち早く伝えることは、観光の復興に向けた第一歩と言える。危機後できるだけ早い時期に、観光復興計画をまとめ、それを実行することは、地域の観光復興を一日でも早め、観光や観光関連事業に従事する地域の人々の雇用と生活を守ることを通じて、その地域全体の復興を加速することにつながる。災害時の観光客に対する対応がしっかりできていれば、危機に際しても安心できる国・地域として、日本全体や地域のブランドイメージを高めることができる。

観光危機管理は、4つの"R"、すなわち Reduction（減災）、Readiness

（危機への備え）、Response（危機への対応）、そして Recovery（危機からの復興）で構成されている。これらは一般的な災害対策、すなわち Mitigation（災害予防）、Preparedness（準備）、Response（対応）、Recovery（復興）の各段階に対応している。以下、高松（2018）にしたがって解説する。Reduction（減災）では、地域の観光に負の影響を与え得る危機や災害、そのリスクを想定し、危機の発生を抑止したり、危機の発生が迫っていたりするときに、観光客や観光事業者への被害を最小にするための事前の対策を講じる。例えば避難マップの作成、危機に関する早期の情報提供、事前避難・事前準備の促進が挙げられる。Readiness（危機への備え）では、危機が発生したときに、誰がどのように対応するか等の計画や具体的な行動マニュアルを予め策定し、それらが迅速かつ適切に実行できるよう、体制づくりと訓練を事前に実施しておく。例えば、現状把握、課題分析、防災計画の策定、危機対応訓練の実施が挙げられる。Response（危機への対応）では、危機が発生したとき、計画やマニュアルに基づいて、遅滞なく組織的に行動し、観光客の安全を確保する。また、混乱や風評による影響を最小限に留めるための情報収集および情報発信も非常に重要だ。適切な情報発信は、危機が去ったあとの復興のスピードを早めることにつながる。例えば、対応マニュアルの整備、現場への権限移譲、危機管理コミュニケーションの実施が挙げられる。Recovery（復興）では、危機後の観光地をいち早く復興するために、観光インフラの修復や、観光復興のためのマーケティング等について予め検討・計画する。観光地としてのBCP（事業継続計画）でもある。例えば、復興フレームワークの策定、観光関連事業者への緊急融資、観光関連事業従業員の雇用対応、復興プロモーションが挙げられる。

　富士山火山対策では、外国人を含む観光客に対して早期に情報が提供できるように、火山噴火のプロセスに応じた避難行動対策とその対策に従った定型文を準備しておくこと、そしてその情報を提供できる手段を

確保することが重要となる。外国人に対しては多言語翻訳アプリを活用して、行政も観光事業者も情報が提供することが求められる。また、風評被害を最小限に留め、復興を早めて観光業を早期に回復させるために、観光地における被害、観光客への対応、避難状況、復興状況などについて現地から情報発信することが不可欠だ。そのため欠かせないのが、事前の準備・対策であるのは言うまでもない。

8.6　富士山の火山防災対策の現状

　外国人にとってもっとも魅力的な日本の山と言えば富士山だろう。環境省によれば、富士山登山客の2～3割が外国人だそうだ。しかし、筆者が6合目で調査したところ、夕方からの登山者の7割以上は外国人であり、そのうち山小屋に宿泊しない弾丸登山者のほとんどが外国人だった。夏になると1日に約3千人が山頂に登る。富士山の麓にも湖、神社、遊園地等の観光スポットが多く、富士山を背景にした独特なまちなみを楽しむ外国人観光客も多い。そのため、富士山の麓の富士五胡地方では、観光が主要産業となっている。

　第9章、第10章では富士山麓で行ったAI多言語翻訳アプリを用いた災害対応に関する実証実験について紹介する。そこで、その実験について理解を深めていただくため、富士山の防災対策の現状について事前に紹介しておきたい。日本人登山者の9割近くは、富士山が活火山であることを認識しているものの、火山噴火には多くは無頓着で、下記の噴火警戒レベルを知っている人は10%程度に留まっているようだ（丸山ほか, 2022）。外国人観光客はどうだろうか。富士山が世界遺産に登録されていることは多くの外国人観光客が認識しているようだが、火山のない国から来た多くの外国人観光客は、火山噴火が何かすら知らないようだ。

　図－8.6に示す通り、火山の噴火警戒レベルには1から5があり、麓の居住地域では噴火警戒レベル4で「高齢者等避難」が発令され、噴火

警戒レベル5で「避難指示」が発令される。豪雨災害における【警戒レベル3】高齢者等避難、【警戒レベル4】避難指示とは警戒レベルの運用が異なるので注意を要する。噴火警戒レベル3は居住地域の近くまで噴火の影響が及ぶとして入山が規制される段階であり、麓では高齢者等も避難を開始しなければならないような段階ではない。噴火警戒レベル2は山頂火口周辺に影響を及ぼす噴火が発生した、または発生が予想される状態で発表される。2015年に箱根の地獄谷で小規模の水蒸気噴火が発生したときは、噴火警戒レベル3「入山規制」が発表された。このときは大涌谷から半径300メートルに避難指示が発令され、既に立ち入りを規制しているハイキングコースに加え、大涌谷へ向かう県道も通行止めとされた。

　一方、現時点では噴火警戒レベルを引き上げる可能性は低いが、火山活動に変化がみられるなど、火山活動の状況を伝える必要があると判断した場合には、気象庁は「火山の状況に関する解説情報」を発表する。解説情報では、マグマが火口に向かって上昇してくるときに発生する火山性微動等は観測されていないものの、火山性地震が観測され、噴火による影響が及ぶ可能性があるので注意を促すような内容で発表される。なお、火山性地震は、火山体およびその近傍で発生する地震の名称で、地下でなんらかの破壊現象が起きて発生すると考えられている。一方、火山性微動は、火山に発生する震動のうち、火山性地震とは異なり震動が数十秒から数分、時には何時間も継続する、始まりと終わりがはっきりしない観測波形となる地震の総称と定義されている。これらの火山防災情報は一般の住民には理解が難しい情報であるが、登山を控えたり、確実に被災を免れるために自主避難したり、あるいは旅行を控えるなどの判断に役立つ重要な情報と言える。なお、富士山では、どこで火口が発生し、どのような噴火の形態になるかがわからないため、気象庁は噴火警戒レベル2を運用していない。したがって、噴火警戒レベルは1か

種別	名称	対象範囲	噴火警戒レベルとキーワード	説明		
				火山活動の状況	住民等の行動	登山者・入山者への対応
特別警報	噴火警報（居住地域）又は噴火警報	居住地域及びそれより火口側	レベル5 避難	 居住地域に重大な被害を及ぼす噴火が発生、あるいは切迫している状態にある。	危険な居住地域からの避難等が必要（状況に応じて対象地域や方法等を判断）。	登山禁止・入山規制等、危険な地域への立入規制等（状況に応じて規制範囲を判断）。
			レベル4 高齢者等避難	 居住地域に重大な被害を及ぼす噴火が発生すると予想される（可能性が高まっている）。	警戒が必要な居住地域での高齢者等の要配慮者の避難、住民の避難の準備が必要（状況に応じて対象地域を判断）。	
警報	噴火警報（火口周辺）又は火口周辺警報	火口から居住地域近くまで	レベル3 入山規制	 居住地域の近くまで重大な影響を及ぼす（この範囲に入った場合には生命に危険が及ぶ）噴火が発生、あるいは発生すると予想される。	通常の生活（今後の火山活動の推移に注意。入山規制）。状況に応じて高齢者等の要配慮者の避難の準備等。	
		火口周辺	レベル2 火口周辺規制	 火口周辺に影響を及ぼす（この範囲に入った場合には生命に危険が及ぶ）噴火が発生、あるいは発生すると予想される。	通常の生活（状況に応じて火山活動に関する情報収集、避難手順の確認、防災訓練への参加等）。	火口周辺への立入規制等（状況に応じて火口周辺の規制範囲を判断）。
予報	噴火予報	火口内等	レベル1 活火山であることに留意	 火山活動は静穏。火山活動の状態によって、火口内で火山灰の噴出等が見られる（この範囲に入った場合には生命に危険が及ぶ）。		特になし（状況に応じて火口内への立入規制等）。

図－ 8.6　噴火警戒レベルの説明

ら一気に3に引き上げられることになっている。外国人観光客には、噴火警戒レベルの説明ではなく、登山を控える、旅行を控えて富士山麓地域から離れる、というようなとるべき行動について、しっかり伝達しなければならない。

　令和4年12月に富士山噴火を想定した避難訓練が、山梨県警と富士河口湖町によって行なわれた。この訓練では、観光客役の町の職員などに県警の警察官が日本語のほか英語やポルトガル語など4つの外国語が書かれたプラカードを掲げて、溶岩流が到達する恐れのない公園までバスや船で避難するように誘導していた。写真－8.1のプラカードには、"Mt. Fuji was erupted." と書かれている。"erupt" は自動詞であるので、この文章は誤りで "Mt. Fuji erupted." が正しい。このようなプラカードを用いた案内では、慌てて逃げ惑う外国人に正しい避難行動を促すことができるとは思えない。災害情報に求められる4つの条件に基づいて、母国語で火山噴火情報を提供したいものだ。

　令和5年3月の富士山火山広域避難計画検討委員会（2023）の発表によれば、火口付近から溶岩流が24時間までに到達する第4次避難対象エリアまでにいる外国人を含む観光客は、噴火警戒レベル3までに避難を開始することとしている。この富士山噴火計画で初めて観光客の避難行動に言及されたが、その内容はまだこの程度で、詳細な避難計画策定は市町村に委ねられているのが実情だ。当然ながら、各ホテルが具体的な避難マニュアルを策定している状況にはない。

写真－8.1　富士河口湖町で行われた富士山噴火を想定した避難訓練

参考文献

- サーベイリサーチセンター（2016），熊本地震における訪日外国人旅行者の避難行動に関する調査，
  https://www.surece.co.jp/wp_surece/wp-content/uploads/2017/10/kumamoto_overview.pdf
- サーベイリサーチセンター（2018），北海道胆振東部地震における訪日外国人旅行者の避難行動に関する調査，https://www.surece.co.jp/research/2491/
- サーベイリサーチセンター（2019），台風19号の災害情報等における事前対応に関する訪日外国人調査，https://www.surece.co.jp/research/3110/
- 弘前大学人文学部社会言語学研究室（2005），災害が起こったときに外国人を助けるためのマニュアル
- 佐藤和之（2015），災害下の外国人住民に適切な情報を—「やさしい日本語」の可能性，SYNODOS OPINION 2015.09.29，https://synodos.jp/opinion/society/15228/
- 柳田邦男（2011），想定外の罠　大震災と原発，文芸春秋，pp.32-33.
- 鈴木猛康，津田哲平（2012），災害対応管理システムに対する定型文登録機能の開発と効果検証，土木学会論文集F6（安全問題），Vol.68, No.2, pp.I_82-I_87.
- Takeyasu Suzuki and Yang Jing (2020), Experimental Study on Disaster Response to Foreign Tourists using the Interpreter Software, Proceedings of the 17th International Conference on Earthquake Engineering, Sendai, Japan.
- Takeyasu Suzuki (2020), Disaster Information Provision for International Tourists using Interpreter Application, WIT Transaction on Ecology and the Environment, Vol. 248, Sustainable Tourism IX, pp.103-116.
- 国立研究開発法人情報通信研究機構 ユニバーサルコミュニケーション研究所，VoiceTra，https://voicetra.nict.go.jp/
- 熊本市国際交流事業団（2016），外国人避難施設運営，
  https://www.kumamoto-if.or.jp/Upload/topics/p1_11220_211242019431613.pdf

・一般財団法人自治体国際化協会（2018），災害時の多言語支援のための手引き 2018，https://clair.or.jp/j/multiculture/docs/33f9e4b38a42c5ebb7543d08b41b2b23.pdf

・渡辺直樹（2017），あの時何が〜熊本地震の現場と外国人被災者，特集 外国人に向けた防災・災害対応の現況とこれから，復興（20号），Vol.8, No.2, pp.16-23., https://f-gakkai.net/wp-content/uploads/2020/09/20-1-4.pdf

・田村太郎（2021），災害時における外国人対応，月刊自治，6月号，https://www.jichiken.jp/article/0237/

・田村太郎（2023），災害時の外国人対応 －連携とコミュニケーションで進める安心感の醸成－，土木学会誌，Vol.108, No.10, pp.28-29.

・高松正人（2018），観光危機管理ハンドブック ─観光客と観光ビジネスを災害から守る─，朝倉書店.

・丸山洸，三ツ井聡美，吉本充宏，石峯康浩，本多亮，秦康範（2022），富士山における登山者の火山噴火に関する認識，自然災害科学，41特別号，pp.83-94.

・富士山火山防災対策協議会（2023），富士山火山避難計画（案）の概要について，https://www.pref.yamanashi.jp/documents/53471/sasikaesiryo.pdf

第 9 章

多言語翻訳アプリを利用した
災害対応の実証実験
（ホテル編）

9.1 実証実験の概要

　ここからは、観光を生業とする富士山北麓で、災害時に外国人観光客を守るための多言語翻訳アプリを用いた有効な情報提供について、筆者が実施した実証実験を紹介したい。最初に申し上げておくが、多言語翻訳アプリ（以下、翻訳アプリと呼ぶ）は外国人観光客に対する災害対応に必要不可欠ではあるがこれで十分などとは思っていない。やはり、事前の備えが不可欠だ。その備えとは何かを、実験結果から観光を生業にする皆さんご理解いただきたいと思っている。そのため、事業者と外国人観光客との会話の内容を、表にまとめて掲載している。実証実験のフィールドとしたのは富士河口湖町の河口湖大橋の近くに所在する四季の宿 富士山だった。富士山麓を代表するホテルと遊園施設と言ってよい。実証実験を実施した時期は、新型コロナ感染前の 2019 年だった。

　実証実験を快く受け入れ、自らフロントのスタッフとして対応されたのはホテルの副社長であり、富士河口湖町観光連盟の副会長だった。副社長には実験の趣旨は説明したが、富士山防災の事前研修は行っていない。したがって副社長は、他の周辺宿泊施設の経営者と同様に、とくにに富士山防災について詳しかったわけではない。一方、宿泊客役として参加してくれたのは、山梨大学の中国人留学生 4 名だった。4 名中 3 名は筆者の指導する修士課程の学生だったが、とくに富士山防災の研究は担当させていないし、また富士山防災に関する事前研修等は行っていない。もう一名は別の研究室の修士の学生だった。4 名の中国人留学生には実験の前日に集まってもらい、翻訳アプリの使い方のみを学んでもらった。また、4 名の留学生には、「留学生たちは友人と一緒に日本に旅行に来て，実験の行われるホテルに宿泊している旅行者」という前提条件で実施するので、ツアーコンダクターによる支援が得られないことを説明した。当然ながら、実験当日にホテルスタッフから伝達される予定の情

報について、留学生には事前に伝えていない。

　ホテルスタッフから宿泊客に伝えてもらうのは、表－9.1 に示す火山噴火に係る解説情報と、噴火警報（火山周辺）の噴火警戒レベル 3（入山規制）の 2 種類で、気象庁の発表をそのまま伝達するケース（以後、直訳伝達ケースと呼ぶ）と気象庁の発表を工夫した説明に変えて伝達するケース（以後、工夫説明ケースと呼ぶ）の 2 ケースを設定した。ホテルスタッフは上記の副社長 1 名で両ケースを担当してもらったが、中国人留学生は直訳伝達のケースで 2 名、工夫説明ケースで 2 名に分かれてもらった。直訳伝達のケースでは、工夫説明ケース担当の留学生 2 名は別の場所にスタンバイしてもらい、直訳ケースの会話を聞かせないように配慮した。表のメッセージをホテルスタッフが翻訳アプリを用いて日本語で伝達すると、不安を感じた中国人宿泊客が翻訳アプリを用いて中国語で質問し、ホテルスタッフが日本語で回答するといった形式で、中国人観光客が納得して質問を終えるまで質疑応答を繰り返してもらった。翻訳アプリを使うことによって、一見言語の壁はないように見えるが、実は気象庁の発表をそのまま伝えると、AI 翻訳の精度によるところもある

表－9.1　実証実験においてホテルスタッフから観光客へ伝達された火山情報

火山噴火情報	直訳伝達ケース	工夫説明ケース
解説情報の発表	気象庁より火山の状況に関する解説情報が発表されました。深部低周波地震の観測回数が増えています。富士山の地下でマグマの活動がやや活発化している可能性があります。	気象庁の発表によると、富士山の地下の深いところで地震が観測されているそうです。すぐに噴火することはないようですが、安全のため、登山は控えた方が良いと思います。
噴火警戒レベル 3 の発表	有感地震が発生しており、富士山の北麓では山体の膨張を観測しました。気象庁は噴火警戒レベルを 3 に引き上げました。富士山の入山は規制されています。	富士山の噴火の兆候が観測され、噴火の可能性が高くなっていることが、気象庁から発表されました。すでに富士山の登山は禁止されています。いつ、どこで、どのような噴火が発生するかわかりません。安全のため、観光施設としてはすべてのお客様に富士山麓から離れていただきたいと思います。

が、日本と中国との災害経験や文化、習慣、法制度の相違から、ほとんどの中国人は中国語に直訳されたメッセージの内容を正しく理解することはできない。ちなみに直訳伝達

写真－9.1　ホテルで実施した多言語翻訳アプリを活用した災害対応実験

ケースのメッセージは、富士山科学研究所の火山専門家に作成してもらい、工夫説明ケースのメッセージは筆者が作成したものだ。実験の様子を地元のテレビ局が取材し、ニュースで報道してくれた（写真－9.1）。

9.2　ホテルの対応と中国人宿泊客の反応

解説情報の発表に基づいた直訳伝達のケースでは、「深部低周波地震とは何ですか」、「地震は起こるのですか」、「火山灰は降るのですか」、「命の危険はないのですか」、「これから何が起こるのですか」、といった質問に対して、「地震です、ここは安全ではないでの避難してください」、「命の危険はありませんが、屋外には出ないでください」、といった回答が行われた。（中略）そして最後には、「すぐに帰国したいのですが、どうすればいいですか」に対して「ここから空港までの経路の道路と空港の状況を確認してから帰国してください」、「帰国する際、安全を確保できますか」に対して「はい、細心の注意を払って安全を確保いたします」で会話が終了した。ホテルスタッフは、最初は避難を促しておきながら、その後は屋外には出ないで下さいと言っており、矛盾していた。

一方、工夫伝達のケースでは、「ここは安全ですか」、「日本人は登山をするのですか」、「噴火したらどう避難するのですか」、「私たちの安全を

確保できますか」、といった質問に対して、「ここは安全ですが避難できるようでしたら避難をしてください」、「登山は控えていただいたほうがよろしいです」、「各自治体では避難所を開設しているので、避難所に避難してください」、「安全が確認出来たら、すぐにバス等で東京に避難してください」、といった回答が行われた。工夫説明ケースでは観光危機管理の観点から、解説情報の説明に加え、万が一の火山噴火により旅行者が災害に巻き込まれないように、富士山麓から離れることを旅行客に勧めている。したがって、避難、移動手段、ホテルに関する質問と要求が会話の中心テーマとなった。質問をされてもホテルスタッフが回答できないような、地震や火山灰に関する質問はなかった。

　つぎに、噴火警戒レベル3を発表したケースの実験結果について紹介する。まず、ホテルスタッフが気象庁の発表内容をそのまま翻訳アプリを用いて伝達した直訳伝達ケースについて、ホテルスタッフと外国人観光客との会話のすべてを、表−9.2 にまとめたのでご覧いただきたい。発話者欄のA、Bは観光客、Sはホテルスタッフを意味する。また、分類は、観光客の発言の内容を、以下のA〜Eに分類して示している。

A：何が起こっているかの質問
B：それがどのように進展するかの質問
C：とるべき行動は何かの質問
D：専門用語についての問い合わせ
E：ホテルに対する要求
F：ホテルに対する不平不満の発言

表− 9.2　気象庁による噴火警戒レベル 3 発表後の直訳伝達ケースの会話とその内容分類

発話者	会話の内容	分類
B	山の体積が膨らむとはどういうことですか？	D
S	−（無回答）	−
B	富士山が噴火したのですか？	A
S	富士山は噴火していません。	−
A	噴火警戒レベル 3 とおっしゃいましたか。	D
S	はい、現在気象庁が噴火警戒レベルを 3 に引き上げました。	−
B	噴火警戒レベル 3 とは、どのような意味ですか？レベルはいくつあるのですか？	D
B	危険という意味ですか？	D
S	がい、危ないという意味です。	−
A	命の危険はありますか？	B
S	今、現在は、命の危険はありません。	−
B	どうすればいいですか？	C
S	屋外に出ないでください。	−
A	屋内は危険ではないのですか？	A
S	屋外が危険です。	−
A	すぐに帰国したいのですが、どうすればいいですか？	C
S	空港までの安全な経路を確認し、バスまたは電車での移動となります。その後、空港の状況を確認して帰国してください。	−
B	車は用意できますか？	E
S	空港までの車をご用意します。	−
B	大使館への連絡をお願いしたいのですが。	E
S	はい、大使館へ連絡します。	−
B	大使館から私たち中国人観光客を守るための情報があると思います。	E
S	はい、お調べします。	−

　富士山登山に関する質問は出なかったが、山体膨張、噴火警戒レベル 3 が理解できないために、観光客からは今何が起こっているかに関する質問が続いた。屋外が危険との説明を受けて、観光客は帰国について考えるようになったことがわかる。

　噴火警戒レベル 3 の発表時の工夫説明ケースの会話を表− 9.3 に示している。このケースでは、このホテルが東京のホテルを確保した上で、外国人観光客を東京のホテルへバスで移動させる方針であることを、会

話開始の直前にメモで著者からホテルスタッフへ伝えた。その結果、前ケースでは帰国支援に関する質問は9番目に行われたが、このケースでは3番目に行われており、その後、帰国に向けた確認のための質疑応答が円滑に行われている。

表－9.3　気象庁による噴火警戒レベル3発表後の工夫説明ケースの会話とその内容結果

発話者	会話の内容	分類
C	富士山が噴火したらどうすればいいですか？	C
S	富士山が噴火する前に、避難していただきます。	－
D	早く逃げたほうがいいですか？	C
S	はい、早く逃げてください。東京でホテルを予約しておきます。	－
C	帰国するにはどうすればいいですか。	C
S	飛行機の運航状況を確認し、万が一飛行機が飛んでない場合は大使館に相談してください。	－
D	安全な場所に行きたいと思っています。	C
S	富士山周辺は安全ではありません。富士山から離れて東京へ行ってください。	D
D	私たちの安全を確保できますか。	E
S	はい、安全を確保します。	－
D	では、どうすればよいですか？	C
S	屋外に出ず屋内に待機していてください。安全が確認され次第、バスで避難していただきます。	－

9.3　まとめ

　富士山の最後の噴火は1707年の宝永噴火にさかのぼる。富士山では過去の噴火口が70以上確認されており、つぎにどこで噴火が発生するかは火山の専門家でもわからない。もちろん、過去の噴火に関する観測データはない。火山対策ハザードマップが作成され、富士山火山避難基本計画は策定されたが、噴火避難計画の本格的な策定はこれからであり、火山防災対策は緒に就いたばかりだ。噴火が発生しても、今何が起こっており、それがどう進展するかは、ホテルスタッフにはわからない。国や自治体が火山噴火情報を早期に入手し、観光事業者へ適切な指示を伝

達することが不可欠なのだ。その際、外国人観光客に提供することを前提に、前述の4条件を満たす情報提供が有効であることが、実験によって示されたと考えている。

　富士山の麓にあるホテルのスタッフは、とくに火山学や火山噴火対策に関する専門知識を有しているわけではない。噴火警戒レベルの発表に対して、ホテルスタッフが観光客にとるべき行動を示すには、気象庁や火山専門家、そして自治体からの迅速かつ適切な情報伝達が必要不可欠なことは言うまでもない。ホテルスタッフには、その伝達された情報をわかりやすく観光客に伝えることが求められる。事前に準備したわかりやすい表現で、外国人観光客の母国語で伝えることできれば、さらに有効であろう。翻訳アプリを適用したことによって、ホテルと外国人観光客の会話が容易となり、実証実験を実施することができた。中小規模の宿泊施設では、外国語の話せるスタッフがほとんどいないので、まずは翻訳アプリの活用をしてもらいたい。

　図－9.1は噴火警戒レベル3の発表の実験について、観光客からの質問内容を横軸に、質問の回数を縦軸にとって、直訳伝達ケースと工夫説明ケースを比較してまとめている。直訳伝達ケースでは、何が起

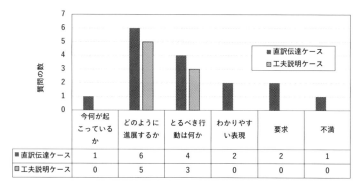

	今何が起こっているか	どのように進展するか	とるべき行動は何か	わかりやすい表現	要求	不満
■直訳伝達ケース	1	6	4	2	2	1
▨工夫説明ケース	0	5	3	0	0	0

図－9.1　ホテルでの実験結果（噴火警戒レベル3発表）

こっているかと、用語の意味を問う質問が多いことがわかる。これに対して、工夫説明かつ観光客の早期帰国を支援するというホテルの事前方針に基づいた対応によって、観光客からの質問はとるべき行動に集中し、早い段階で観光客が納得して質問を終えることができた (Suzuki, 2000),(Suzuki & Jing, 2020)。日本人居住者にとって避難とは、避難所で長期滞在することを意味しているのに対して、インバウンド観光客にとっては日本を脱出することを意味しているのが根本的な違いだ。そのために必要な行動を提示してあげる必要がある。

　富士山火山広域避難計画検討委員会（2023）の発表によれば、火口付近から溶岩流が24時間以内に到達する第4次避難対象エリアまでにいる外国人を含む観光客は、噴火警戒レベル3までに避難を開始することとしている。この実験実施の段階では、外国人観光客の対応については方針すら示されていなかったが、これが明確にされれば、宿泊施設は具体的な災害対応をマニュアル化でき、とくに災害弱者である外国人観光客を早期に安全に避難させる行動ための事前対策を準備することが可能となるはずだ。さらに、災害によるダメージを最小化し、災害の終息による観光事業の再開を見据えた観光危機管理が肝要と言える。そのため、外国人観光客の安全を第一とし、安全な帰国をサポート、実現する対応方針を、事前に観光危機管理計画として整備しておく必要があると思う。

参考文献

・Takeyasu Suzuki (2020), Disaster Information Provision for International Tourists using Interpreter Application, International Conference on Sustainable Tourism, Madrid.

・Takeyasu Suzuki and Yang Jing (2020), Experimental Study on Disaster Response to Foreign Tourists using the Interpreter Software, Proceedings of the 17th International Conference on Earthquake Engineering, Sendai, Japan.

・富士山火山防災対策協議会 (2023), 富士山火山避難基本計画 (案) の概要について, https://www.pref.yamanashi.jp/documents/53471/sasikaesiryo.pdf

第 10 章

多言語翻訳アプリを利用した
災害対応の実証実験
（遊園地編）

10.1　実証実験の概要

　ホテルで行った実験では、火山噴火情報を工夫した説明によって、外国人観光客にとるべき行動を知らせることの重要性を確認した。この章では、さらに外国人観光客を安全な場所へと避難させるため、観光施設が予め整備すべき災害対応計画の重要性を示すことを目的として、富士急ハイランドで実施した実証実験について紹介したい。

　富士急ハイランドは富士河口湖町と山梨県富士吉田市の境界に位置しており、敷地面積の多くは富士吉田市内であるが、一部が富士河口湖町内にもある。富士山の麓で展開される遊園地・富士急ハイランドをはじめ、ホテル、遊覧船、ロープウェイなどの観光施設に、新型コロナ感染が流行する前には年間約230万人が訪れ、遊園地の入場者数では日本国内で5番目に位置づけられている。

　富士急ハイランドの上層部に実験の趣旨を説明したところ、快く実験へ協力いただけることとなった。事前に富士急ハイランドのアトラクション責任者と打合せた上で、時間と場所、ならびに協力いただける従業員2名の選定が行われた。なお、協力いただいた従業員2名に対して、火山噴火対策の事前研修は行っていない。

　富士河口湖町のホテルでの実験と同様に、噴火警戒レベル3が発表されたときの災害対応について、翻訳アプリを使って遊園地スタッフと外国人観光客との間で会話が行われる実験シナリオを作成した。実験参加者は富士急ハイランドの従業員2名、中国人観光客2名、ベトナム人観光客2名で、4名の観光客のうち中国人2名とベトナム人1名は筆者の指導する留学生、残りの1名は別の研究室のベトナム人留学生の弟だった。従業員1名、中国人1名、ベトナム人1名で1グループを構成し、情報提供を気象庁の発表伝文の直訳伝達ケースと工夫説明ケースの2つのグループに分けて実験を行った。

　富士急ハイランドの従業員には、実験の 1 時間前に集まってもらい、まずは多言語通訳アプリを従業員自身のスマートフォンにダウンロードし、アプリの使い方を練習してもらった。つぎに表− 10.1 に示す実験の前提条件について筆者が口頭で説明するとともに、資料としてまとめたものを手渡した。さらに、その場でそれぞれの職員に対しては、担当する実験ケースにおいて、各自が果たすべき役割を指示した。また、以下のような設定条件であることを説明した。2 日前から火山の状況に関する 2 つの解説情報が気象庁によって発表されており、富士吉田市から富士急ハイランドへ、「富士山の火山活動がやや活発化しています。富士山の直下で地震が急激に増えています。今後の情報に注意してください。観光客には第一次避難エリアへの立ち入りを自粛するよう伝えてください」という内容の連絡があったことを、従業員は知らされていた。表中に記述されている第一次避難エリアに遊園地は含まれていないため、遊園地は昨日までは平常通り開園していた。ところが気象庁が 12 時に噴火警戒レベルを 3 に引き上げたのをテレビ放送で知り、富士急ハイランドは独自の災害対応マニュアルにしたがって、午後からの閉園を決め、旅行者を富士北麓より避難させることを決めた。とくに外国人観光客については、事前に遊園地と協議した結果、通常の入り口とは異なる駐車場に誘導し、優先的にバスで輸送する特別な対応をとらせることとした。なお、遊園地に隣接する富士急ハイランドリゾートホテルの宿泊者は、さらに特別に当日宿泊予定のお客様のために東京の宿泊先を確保し、その宿泊先へバスで送迎することを決めた。

　4 名の外国人観光客役には、事前に一緒に通訳アプリの使い方を学んでもらった。その後、以下の実験の設定条件について説明した。

1）あなたたちは団体旅行ではなく、友人同士で観光のために訪日しました。

2）あなたは初めての訪日で、日本のことはほとんどわかりません。当然、

日本語は話せません。

3）昨日より富士急ハイランドリゾートホテルに宿泊し、富士急ハイランドに遊びに来ています。

4）昨日、富士急観光のリムジンバスを富士急ハイランドリゾートホテル前で降車しました。

5）今日は午前中、新倉富士浅間神社等を観光しました。今から富士急ハイランドで楽しんでから、同ホテルに宿泊し、明日の午後、ホテル前からリムジンバスに乗って成田空港へ行き、帰国する予定です。

6）ところが、富士急ハイランドの従業員が、通訳アプリを用いて、これから閉園すると説明を始めます。

7）あなたたちは団体ツアー客ではないので、交通手段は公共交通機関に限定されています。

　実験は遊園地の主たる入場口である第一入場口の前で行った。実験の都合上、この入場口が富士急ハイランドリゾートホテルから徒歩2，3分の近距離にあることを、4名の観光客役に理解してもらう必要があったため、4名には地図を用いて両者の位置関係を説明した。遊園地の従業員から与えられる災害情報は、直訳伝達のケースと工夫説明ケースで異なることから、各ケースを担当する外国人観光客役には、別々に通訳アプリを用いた会話の練習を行ってもらった。

　気象庁による噴火警戒レベル3発表について従業員から旅行者へ伝達するメッセージは、表ー10.1に示す通りとした。最初の2つのメッセージのみは直訳伝達ケースと工夫説明ケースで異なる内容としたが、その後のメッセージは両ケースとも同じであり、2人の従業員には「外国人観光客の皆様で、お帰りの自動車やバスがない旅行者については、特別な配慮によって安全が確保され、なおかつ東京へ電車で移動できるJR大月駅まで優先的にバスで輸送する」という内容を伝えてもらった。富士急グループは事前に策定した観光危機管理計画に基づいて、富士山の噴

火警戒レベル 3 の発表とともにすべての営業を停止し、観光客を富士山麓から速やかに避難させることを取り決めているとの仮定に基づいて、富士急ハイランドの了解のもとで実験を行った。このように、今何が起こっているか、それがどう進展するか、そのときにとるべき行動は何か、を平易な言葉で伝えるために、もっとも大切な観光客のとるべき行動について、各観光施設が対応方針を予め決めておかなければならない。実験は、そのような災害対応マニュアルが作成され、運用されているという前提に基づいて行った。

　工夫説明ケースでは、富士急ハイランドリゾートホテルの宿泊客をとくに優遇した対応となっている。富士急ハイランドリゾートホテル宿泊客に対しては、表− 10.2 に示すメッセージを知らせるように、遊園地の従業員に指示した。従業員はこれらのメッセージを読み、外国人観光客は翻訳アプリで翻訳された母国語でこれらのメッセージを受け取った。

表− 10.1　従業員から外国人旅行者へ伝達するメッセージ

火山噴火情報	直訳伝達ケース	工夫説明ケース
1	気象庁によれば、有感地震が発生しており、富士山のふもとで、山の体積の膨張を観測しているとのことです。	気象庁の発表によれば、噴火が起こりそうなことを示す観測結果が得られたため、富士山が噴火する可能性が高まっているそうです。
2	そのため、気象庁は噴火警戒レベルを 3 に引き上げました。	この場所は、直ちに噴火の影響を受ける位置にはありませんが、いつ、どこで、どのような噴火が発生するかはわかりません。
3	富士山の登山は既に規制されています。	
4	皆様の安全のため、この段階で富士急ハイランドを閉園させていただき、すべての皆様に富士山麓から避難していただくことをお願いします。	
5	係員の指示に従っていただきますよう、お願い申し上げます。	
6	外国人観光客の皆様で、お帰りの自動車やバスがない方については、こちらにおいでください。 当社がバスにて大月までお送りします。 これからバスの待つ駐車場へとご案内致します。 不明な点はございませんでしょうか。	

表－10.2　工夫説明ケースで、従業員に指示したメッセージ

No.	富士急ハイランドリゾート宿泊客に対するメッセージ
1	本日、富士急ハイランドリゾートにお泊りの方は、ホテルの前にバスを準備します。
2	ホテルは安全です。お荷物をご準備いただいてから、バスが出ますのでご安心ください。
3	富士急ハイランドリゾートホテルが、東京でのホテルの手配もさせていただく予定です。
4	手配したバスが、本日お泊りいただくホテルまで、皆様をお連れ致します。
5	本日の宿泊代は返金致しませんが、東京のホテルの宿泊費は当社が負担します。
6	ホテルのスタッフが、喜んで皆様の相談に乗らせていただきます。

10.2　遊園地スタッフの対応と外国人観光客の反応

　写真－10.1 は実験の状況を示している。左の従業員が富士急ハイランドリゾートホテルに宿泊中の右の観光客に対して、表－10.2 のホテルからバスに乗って避難する手順について説明している。直訳伝達のケースでは、山体膨張について説明を求める二人の観光客からの質問の後、「今何が起こっているのか」と「これから火山噴火がどのように進展するか」といった質問が続いた。これらに対して、遊園地の従業員は火山の専門家ではないので、正直に「わかりません。」と回答せざるを得なかった。その後、遊園地の従業員は外国人観光客をバスが待つ駐車場へと案内しようとするが、観光客は、宿泊先の富士急ハイランドリゾートホテルへ荷物を取りに行く必要があるため、遊園地からのバスによる避難の提案を簡単に受け入れることができず、質問を繰り返すこととなった。観光客は富士山の噴火警戒レベル3の発表内容を理解できなかったので、最終的に一人の観光客が近くの別の観光施設の観光の可否について質問し、さらにもう一人が遊園地の判断に抗議するかのような発言によって不平

多言語翻訳アプリを利用した災害対応の実証実験（遊園地編）

不満を表すこととなった。

一方、工夫説明ケースでは、中国人観光客が荷物を取りに富士急ハイランドリゾートホテルへ一旦戻ることを主張したが、その意志が遊園地

写真－10.1　遊園地で実施した多言語翻訳アプリを活用した災害対応実験

の従業員には伝わらなかった。ところが、ベトナム人観光客は従業員の提案に従う意志を示した。ベトナム人観光客は荷物をホテルに残したまま避難してしまいそうになったが、従業員から表－10.2 の内容のメッセージが伝達されたため、宿泊するホテルから荷物を持ち出してからバスで避難することとなった。その結果、観光客による発言は、どのような行動をとるかに関する 5 つの会話が行われたのみであり、遊園地の従業員による火山の状況に関する説明が、二人の観光客に理解されたようだ。富士急ハイランドリゾートホテル宿泊客に対して表－10.2 に示すような対応をとることを、ホテルが前もって準備・計画しておけば、ホテル宿泊者に対する円滑な対応ができることが容易に理解できるだろう。

図－10.1 は、観光客の発言内容の分類を横軸に、質問の回数を縦軸にとって、直訳伝達するケースと工夫説明ケースで比較している。会話の回数は直訳伝達ケースの 13 回に対して、工夫説明ケースでは 5 回に減少し、会話の内容はどのような行動をとるかの質問に集中している（Suzuki, 2020）。このように、予め災害対応計画に基づいて工夫したわかりやすい説明を準備しておくことが、極めて有効ということをおわかりいただけたと思う。

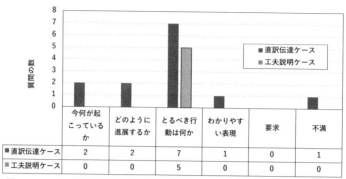

	今何が起こっているか	どのように進展するか	とるべき行動は何か	わかりやすい表現	要求	不満
■ 直訳伝達ケース	2	2	7	1	0	1
▨ 工夫説明ケース	0	0	5	0	0	0

図－10.1　富士急ハイランドでの実験結果（噴火警戒レベル3発表）

　両ケースともに、気象庁による火山情報の伝達の後、従業員によって同じ避難誘導が行われたにも関わらず、両ケース間で結果に大きな相違が生じた理由は、「有感地震の発生」、「山体膨張」、「噴火警戒レベル3」といった専門用語を用いた解説の直訳が、外国人に理解されなかったためと思われる。4人の外国人観光客の生まれ育った土地には火山という自然素因はなく、したがって彼らは火山噴火に関する防災教育も受けていない。中国とベトナムの両国には、噴火警戒レベル発表の制度がないし、ベトナムには火山そのものが存在しない。避難に関する法制度も国によって異なる。4人の外国人観光客の生活習慣の中には、そもそも火山噴火に対する避難行動という概念すらなく、これまで火山噴火は他人事だったのだろう。

10.3　平常時に使って災害時に活かす

　火山で何が起こっており、それがどう進展するかは、火山の専門知識を有しない観光施設の従業員にはわからない。意外に思われるかもしれないが、市町村の防災担当職員にもわからない。したがって、市町村が気象庁等の専門機関より情報を早期に入手し、観光施設へわかりやすく伝達することが不可欠なのだ。その際、外国人観光客に対して情報提供

することを前提に、前述の４つの条件を満たす情報提供の準備をしておくことの重要性が、実験を通しておわかりいただけただろうか。

　ホテルや遊園地で実証実験を行った当時、富士山火山避難基本計画（案）はまだ策定されておらず、観光客の避難に関する方針が何ら示されていなかった。2023 年 3 月に策定された同基本計画では、噴火警戒レベル３の段階では、富士山の麓の富士吉田市に対して避難行動要支援者の避難開始を呼びかける高齢者等避難の発令は求められない（高齢者等避難発令は噴火警戒レベル 4 で行われる）。しかし土地勘のない観光客に対しては、噴火警戒レベル 3 までに帰宅を開始することを求めることが示された。観光客をいわゆる避難行動要支援者とは異なる災害弱者として扱ったことは評価できる。とくにインバウンド観光客の混乱を招くと国際問題に発展しかねないことから、観光危機管理上最悪の事態は避けるべきだろう。筆者は富士急ハイランドに対して、噴火警戒レベル 3 で遊園地を閉園し、すべての客を富士北麓から移動させることを提案した。災害によるダメージを最小化させるとともに、つぎの災害の終息宣言から早期に観光事業を再開させるため、観光都市では観光危機管理は必要不可欠だと思う。

　実験に参加した遊園地の従業員は、火山教育も火山噴火に対する遊園地の災害対応研修も受けていなかった。また、遊園地の従業員には火山噴火に関する専門用語が理解されていなかったことを、筆者は事前に確認していた。1 対多、日本語対多国語による多言語翻訳アプリは、観光施設にとって災害時に有力な情報伝達手段となるが、実災害時にこのアプリを有効に活用できるように、各施設では災害対応マニュアルを見直し、火山噴火情報に応じて観光客の避難行動を促す手順としてまとめるとともに、訓練によってその妥当性を検証してもらいたい。この実験のシナリオ作成段階で、筆者は富士急ハイランドに対して外国人観光客を優先的にバスで安全な JR 大月駅まで輸送することを提案した。さらに、

富士急が運営する富士急ハイランドリゾートホテルの宿泊客に対しては、ホテル側が準備した東京の宿泊先へ宿泊客をバスで移動させることを提案した。噴火が発生したとしても、溶岩流が到達するまでには十分な時間的余裕は確保できるはずなので、具体的な避難計画さえ策定しておけば、混乱を生じさせることなく、円滑な避難誘導を行うことができるはずだ。

なお、工夫説明ケースでは、翻訳アプリを用いて外国語へ翻訳した際、その意味が確実に理解されることを確認しながら、筆者は日本語のメッセージを作成していた。この章で紹介した程度の日本語でメッセージを作成しておけば、翻訳アプリによって観光客が理解できる内容の外国語に変換される。とにかくただ日本語でメッセージを作成しておけば、相手に理解される外国語に翻訳される、というわけではないことに留意してもらいたい。災害対応マニュアルを作成する場合には、事前に筆者のような防災の専門家に相談してもらいたい。

一方、富士山火山噴火災害の実対応や訓練だけのために、多言語翻訳アプリを使うのは得策ではない。普段使っていないアプリを災害時にとっさに操作し、避難誘導ができるわけがない。やはり、平常時から外国人観光客へのサービスに多言語翻訳アプリを使っていることが、観光事業者も外国人観光客も災害時にアプリを円滑に活用するための条件となる。観光客には施設内で多言語翻訳アプリを使って母国語でサービスを受けられるメリットが大きいので、アプリの活用は円滑に進むのではないかと思う。そして、災害時にはインバウンド観光客へとるべき行動を円滑に伝達できるので、インバウンド観光客の災害情報不足による困窮が大幅に解消されるのではないだろうか。なお、日本人観光客も言語を日本語に設定すれば、翻訳アプリを用いて災害情報を受け取ることができる。メッセージは音声とともにテキストでも記録されるので、その内容を後で何度でも確認することができるというメリットもある。どの観光施設

でも多言語翻訳アプリを使った母国語でのおもてなしができるように
なって、インバウンド観光客にとって富士五湖地方の、そして全国の観
光地の魅力が高まることを期待している。

参考文献

・Takeyasu Suzuki (2020), Disaster Information Provision for International Tourists
using Interpreter Application, WIT Transaction on Ecology and the Environment,
Vol. 248, Sustainable Tourism IX, pp.103-116.

第 11 章

これからの防災まちづくり

11.1　観光地の景観条例と防災まちづくり

　防災まちづくりには、避難場所となる都市公園の整備、木造密集地域の不燃化や延焼防止建築物、建物の耐震化といった災害に対して街を強くするためのハード対策もあれば、防災教育、コミュニティづくり、地区防災計画といったソフト対策もある。したがって、防災はまちづくりの一部であり、防災まちづくり＝まちづくりそのものと言っても良いのではないだろうか。例えば、観光大国になるための必要条件として気候、自然、文化、食事の4つが挙げられるが、観光都市の発展には移動や滞在の利便性も必要だ。そして忘れてならないのは「安全」であり、観光都市にとって必須条件であろう。観光都市が持続性を担保するために、観光資源である自然環境、歴史、伝統、文化、そして景観を保全する必要があるのは言うまでもない。保全する主体は誰かというと、政府、自治体のみならず、地域の住民であり、そしてもちろん観光事業者も重要な主体と言える。とくに美しい自然の眺望である眺望絶佳は、自然の営みによってつくられた珍しい眺望だ。

　観光における移動や滞在の利便性を確保するためには、道路やホテル等の建設が必要となるが、これらは自然と相まって、観光都市の景観をつくっている。景観とは、目に見える景色や風景などを表す「景」と、人々の価値観を意味する「観」が合わさってできた言葉だから、景観の保全には、自然を保全するだけではなく、価値観に関する居住者の合意形成を図ることが求められる。その合意形成の結果をまとめたものが景観計画であり、この計画に基づいて、住民、観光客、事業者、行政などが、お互いに手を携えて運用するために景観条例がある。

　景観条例の法的根拠は景観法にある。景観法は、我が国の都市、農山漁村等における良好な景観の形成を促進するため、景観計画の策定その他の施策を総合的に講ずることにより、美しく風格のある国土の形成、

潤いのある豊かな生活環境の創造及び個性的で活力ある地域社会の実現を図り、もって国民生活の向上並びに国民経済及び地域社会の健全な発展に寄与することを目的としている。景観法は基本理念を定め、関係者の責務を定める地域の取組みを支える制度だ。景観法はまた、景観行政団体である地方公共団体が景観に関する計画や条例をつくる際の基となる法制度となっている。その基本理念は、①良好な景観は現在及び将来における国民共通の資産、②良好な景観は地域の自然・歴史・文化等と人々の生活、経済活動との調和が不可欠、③良好な景観は、地域の個性を伸ばすよう、多様な形成が図られるべき、④良好な景観形成は住民、事業者、行政の協働により進めるべき、そして⑤良好な景観形成は保全だけでなく、創出を含む、というものだ。

筆者は山梨県富士河口湖町の防災アドバイザーとして、河口地区の地区防災計画作成に関わったことがあり、その後も町や地区住民とのおつきあいが続いている。町は平成24年に先進的な景観条例を制定していた。この条例の目的には、「町、町民、事業者及び観光客等の協働による景観形成を進め、もって、富士河口湖町の美しく風格のある風景づくりと愛着と誇りの持てる郷土の実現を図ることを目的とする」と記述されている。当時の小佐野町長が観光推進策として精力的に取り組んだことが、条例制定につながっている（花岡, 2006）。この条例では、富士山や河口湖の眺望を確保するため、10m以上の高層建物の建設に制限を設ける他、コンビニ等の建物や看板の配色を周囲から際立たせない等、他の観光地とは異なる特別な条件が付けられている。だから、河口湖を取り囲むどの山の斜面からでも、富士山や河口湖の素晴らしい眺望を臨むことができる。

景観に影響を与えやすい建築物等の制限または誘導に当たっては、前述したように、地域の意思を正当化する合意形成が不可欠だ。景観条例では、地域における主体的な意思決定を醸成する仕組みとして、市民団

体等の位置づけ・支援が規定されている（日本建築学会，2015）。景観まちづくりの前提条件として、安全の確保があるのは言うまでもない。とくに、自然・景勝地として急傾斜の斜面を有する観光地も多く、富士河口湖町の河口地区では、東に面した斜面からは、富士山を背景にした河口湖を眺望できる。新型コロナ感染のまん延によるアウトドアブームに乗り、このような斜面にグランピングと呼ばれるドーム型テント等の宿泊施設が、あっという間に建設されたのだ。

　このことに気づいた地区の住民から相談を受けて、筆者はこの問題に関わることとなった。住民は、最初は土砂災害の発生を心配したが、そのうち土砂災害防止法のみならず町の開発条例や景観条例にも違反しているのではないかと疑い、富士河口湖町や山梨県の関連部署にグランピング開発の規制を求めた。当初は町も県もまともに住民の訴えに耳を傾けようとはしなかったが、筆者が専門家としてこの問題に関わる法制度をマスメディアに説明したこともあり、メディアの報道が大きな力となって、山梨県は建築基準法のテント工作物の基準を見直し、町は開発条例の改正を行った（鈴木，2023）。地区の住民の目がセンサーとなり、専門家とメディアが協力することによって一定の成果は得られた。

　景観条例には市民・市民団体等の位置づけ・支援の規定として、地区住民の組織を認定し、合意形成の仕組みや景観に関する住民の活動や計画づくりを支援する内容が定められている。しかしながら、富士河口湖町ではこの機能が失われてしまっているようだ。住民の目はセンサーだ。自治体職員とともにセンサーとなってくれる住民が多ければ多いほど、モニタリングの業務を司る職員の数が少ない自治体にとっては有難いはずだ。このようなモニタリングが行われていることが、健全な景観と防災に、ひいては観光都市の維持に欠かせないと思う。

　2023年6月には第1回河口湖タウンミーティングが開催された。このミーテングの中で企画されたパネルディスカッションにおいて、パネ

ラーの富士山科学研究所の池口仁氏は、山中湖村ではセンサーである村民が、何か異変に気づくと村の企画まちづくり課へ報告し、庁内で情報が共有されて、景観審議会の開催を検討する、という仕組みがあったと発言した。一方、山梨大学名誉教授（観光学）の花岡利幸氏は、「センサー」、「モニター」について思う所をつぎのように述べた。花岡氏はまず、センサーとなるべき職員について言及した。グランピングのような新たな問題への対応には、職員が法令、条例、規則などが守られているかどうかについて、事務処理をしなくてはいけない。優秀な職員の適正な能力と事務処理が発揮されて初めて問題に対処できる。ここで、職員は行政組織として目標を持って事務遂行しているのか、常に勉強しているのかが問われる。つまり、職員のやる気である。これは行政組織のトップ・幹部の姿勢と大いに関係してくる。上層部の「事なかれ主義」で、やる気のある優秀な部下の左遷・異動が横行すれば、職員の士気に影響する。もうひとつは行政システムの改善、つまりモニタリングである。行政には発生する問題の後手に回らぬよう、問題の予知や対応を促す部署がなければいけない。この業務がモニタリングで、①発生する問題を発見し監視する、②縦割りの法令、条例などを整理し、監視状況と照合してチェックする、そして③具体的な問題に対し横断的な善後策を講じる必要がある。この三つが市町村の行政システムの中にないから問題が起こるのである。自治体はモニタリングの部局をつくるべきで、「つくらない」という組織のトップは辞めさせるべきである（山梨新報, 2023）。

　住民が個人としても組織としてもセンサーとして機能することは、地区防災計画と相通じることではないだろうか。観光を生業にする富士河口湖町であれば、景観まちづくりが観光まちづくりになり、これが防災まちづくりとなる。そこにはやはり、住民（土の人）による自発的な活動と、それに寄り添う行政（水の人）の協力が欠かせない。そして、専門家（風の人）を含めた良好なリスク・コミュニケーションなしには、住民・行

政協働のまちづくりは成り立たない。様々なタウンミーティングが立ち上がり、そこに行政職員が参加することを、首長が推し進めることを期待する。

11.2　増災とならないことを検証する視点の大切さ

人為的行為、施策によって、災害発生の素因を大幅に悪化させ、大規模災害の発生リスクを高める行為あるいは施策のことを、筆者は「増災」と定義している（鈴木，2023）。増災は人災とは似て非なるものだ。ソフトかハードか、住民、地域コミュニティ、行政、企業等に関係なく、すべての組織が関わるので、みんながセンサーとなって、各行為が増災とならないかについて監視し（モニタリング）、増災の要因を早期に取り除く必要がある。とくに、国土・都市開発、エネルギー対策などの国、自治体の施策とのトレードオフで発生することに気をつけなければならない。なお、トレードオフは基本的に「両立できない関係性」を指す言葉として使われている。2つの物事がある状態で1つを選択すれば他方が成り立たない状態や、一方が得をすれば他方は損をしてしまうというような状態や状況を表す。

筆者は現代の増災の一例として、再生可能エネルギーの行き過ぎた開発は、我が国の森林面積の1％に達するような森林破壊を招き、土砂災害や水害を発生させて、沿岸地形の改変に至るような日本列島の崩壊に至るリスクが存在することを指摘した（鈴木，2023）。また、前述の法の隙間を突いた急斜面でのグランピング開発についても、現在進行形の増災として紹介した。人類の発展には都市、農場、エネルギー等の開発が不可欠だ。しかし、行き過ぎると開発によるトレードオフとして負の側面が表面化し、人類は長年にわたって大きな犠牲を強いられることになる。

増災を抑止する方法には、健全な市民、事業者と行政によるモニタリ

ング、情報の共有、縦割り行政の排除等がある。増災に気づくためには、
行政の方針に反対する勢力を決して鎮圧しようとはせず、むしろ反対意
見をよく聞くことが大切であり、そこに予算を配分するくらいの度量が
必要だろう。トレードオフについては、ステークホルダーに専門家とマ
スメディアを加え、徹底的に議論を行うリスク・コミュニケーションを
行うべきだ。土曜、日曜には、多くの市民グループがタウンミーティン
グを開催し、意見を交わし、そしてまちが盛り上がることが望ましい。様々
なステークホルダーが集えるまちは、活気ある楽しい我がまちになるは
ずだ。

　山形県湯佐沖に巨大な風力発電施設が、居住区から 2km の洋上に建設
される計画があり、その住民説明会の様子が「遊佐風力発電 311 説明会
市民意見と回答」として YouTube で公開された。この説明会で住民から
の質問に対する経済産業省の担当者の回答が余りにも酷かった。「洋上風
力発電所は欧米では離岸距離を 22.2km 確保しななければならず、中国
でも 10km の離岸距離が必要とされている。山形沖や秋田沖ではどうし
て 2 〜 5km なのか」という質問に対して、経済産業省の担当者は、「何
km だから良い悪いと判断していない。海外と日本ではいろいろと条件が
異なる」と回答した。つぎに風車病による不眠、睡眠障害について質問
があった。「北海道大学の研究者が開発したシミュレーション・ソフトウェ
アを用いた検討では、現状の計画で風車が建設された場合、不眠症 250
人、睡眠障碍者 13,000 人が発生するとの試算結果が得られている。こ
の研究成果は学会誌に発表されている。健康被害についてどう評価する
のか」と住民が質問した。これに対して経済産業省の担当者は、「すでに
現実に被害者が発生しているというならまだしも、そのシミュレーショ
ンの妥当性がどれだけ検証されているかが疑わしいし、条件が現実を反
映していることが明確にならないと、風車の影響があるという評価を下
すのは難しい」と回答した。つぎに、風車による超低周波音による健康

影響について住民が、「オーストラリアの沿岸の町が離岸距離 5km に建設された風車による風車病に悩まされ、町の全員が移住を余儀なくされた」と主張した。これに対して環境省の担当者は、「風車病による影響が検証されていない。ウインドタービンノイズという国際会議で行われた議論では、風車に低周波騒音の問題はないと結論づけられた」と答えた。風車による低周波騒音は健康に影響しないはずと言い切ったのだ。さらに経済産業省の担当者は、健康問題で離岸距離を設定するつもりはなく、離岸距離は漁業の問題として取り扱うのだと強調した。

　確かに住民は騒音や風車病の素人だ。しかし、素人なりに調査をし、専門家にも相談し、内容を十分に検討してから質問しているのだ。質問をした住民は、決してゼロカーボンの反対活動家ではなく、居住者として不安を抱えるから、我が町を代表して質問している。経済産業省の担当者は説明会の最後に、事業者には住民の不安の声を聴いた上で必要な説明をさせていただく。検証が必要であれば事業者にしていただく。事業者には地域の方々と十分コミュニケーションをとっていいただく、と締めくくった。事業者任せではなく国が責任をもって、風車による低周波騒音が健康被害を与えないということを検証すべきではないか。筆者は令和 5 年 12 月に環境省と資源エネルギー庁の担当者と意見交換する機会があったので、環境省や厚生労働省所管の研究機関が率先して、風車による騒音と健康の関係について調査・研究することを求めた。カーボンニュートラルを達成するためには、行き過ぎた開発による増災とならないように、国として実施すべきは事前減災対策なのだ。

　海外であれ、国内であれ、示された実証データを無視するのはあまりにも酷く、非科学的であることは間違いない。まずは超低周波音による健康被害について現存する実証データを徹底的に調査、分析する必要があるのではないだろうか。なぜならば、これから行うどんな評価よりも、実証データは確かな根拠になるからだ。少なくとも科学者はそのように

判断する。前述の北海道大学の研究者による空気振動のシミュレーションが学会誌に掲載されているということは、学会で 3 名の査読者が慎重に審査したということだ。また、5m メッシュの高精度な標高データが国土地理院から入手可能だ。したがって、シミュレーションは妥当な結果を示しているはずだし、論文中にはシミュレーションの適用範囲が明記されているはずだ。壇上に座っている国と山形県の担当者が、そのシミュレーション結果の妥当性を疑えるような科学者でないのは明らかで、筆者の目には壇上にいるのは事業を何としても実施したい事業者にしか映らなかったのが残念でならなかった。環境影響評価の中で事業者が行った検証によってすべてが明らかにされるはずがなく、あまりに住民に厳しく、自分に甘い対応と言わざるを得ない。その後、上述の研究者は、風力発電に反対する市民団体を積極的に支援している。

　住民が仲間とともに我がまちを守ろうと立ち上がり、一生懸命活動してくれており、その結果不安が募るから相談しているにもかかわらず、その住民が提示する情報に難癖をつけてしまっていると判断されてもしようかない行政側の対応だった。説明会では、行政側は明らかに洋上風力発電を実施することを前提とした回答を行っており、一方、秋田沖、山形沖で計画される洋上風力発電については、行政側は事業者が環境影響評価の中で安全性の検証を適切に行ってくれるに違いない、という希望的観測を述べているに過ぎない。これは、原子力発電所は事故を起こさないというかつての安全神話と同じ構図に思えるのだ。事故はないだろう、風車病はないと思いたい、という正常性バイアスが行政側に漂っていることは極めて危険なので、警鐘を鳴らしておきたい。

11.3 防災まちづくりの本来の姿
－グリーンインフラと EcoDRR －

　グリーンインフラとは、「自然の持つ多様な機能を賢く利用することによって、持続可能な社会と経済の発展に寄与するインフラや土地利用計画」と定義されている。「持続可能な」とは地域の魅力・居住環境の向上や防災・減災等の多様な効果のことである（グリーンインフラ研究会, 2017, 2022）。ヨーロッパではグリーンインフラは都市に緑と青（水）の空間を与えて居住しやすく働きやすい環境をつくりだすことに重きが置かれている。一方、米国のポートランドではレインガーデン等によって降雨を一時的に住宅地の植物に保水させ、河川への流出を遅らせるなど減災に重きを置いている（グリーンインフラ研究会, 2017）。我が国でも六甲山に計画的に植林し、維持管理することによって、六甲山の禿山を復活させたり、河川に遊水池を配置したりするなど、生態系の保全とともに洪水の流量調整を行うことを、グリーンインフラと位置づけている。

　シンガポールの土地開発では、特筆すべきグリーンインフラ政策が実践されている。シンガポールでは Active, Beautiful, Clean Waters (ABC Waters) プログラムが 2006 年に開始され、国の水域を排水と給水の機能を超えて、地域社会の絆とレクリエーションのための新しいスペースを備えた美しくきれいな川と湖に変えた (PUB, 2019)。2006 年の ABC Water プログラム開始以来、機能的な排水管から、複数の目的に役立つ適切に設計された水路まで、従来の雨水管理から、流出した水を発生源で留めて処理する持続可能な雨水管理まで、シンガポールは表流水を管理する方法を変革する道を切り開いてきた (Yau et al., 2017)。ABC Waters プログラムの目的は、環境（緑）、水域（青）、コミュニティ（オレンジ）をシームレスに統合して、新しいコミュニティスペースを形成し、

水域内および水域周辺での生活を向上させることなのだ。

　シンガポールは、面積719.2㎢、人口約580万人、人口密度の高い都市国家（島）である。島の中心部の小高い花崗岩の山（最大標高163m）にダムをつくり、雨水を貯めることによって、都市部に水を供給している。ダムに雨水を貯めすぎると大雨によって都市が水害に見舞われ、その逆で貯水量を減らすと生活用水が不足する。増え続ける人口を賄うためには、土地開発も必要だ。そのため、シンガポールでは洪水対策、上下水道、土地利用を一体化させた都市開発を実施している。我が国の国土交通省に置き換えると、国土政策局、不動産・建設経済局、都市局、水管理・国土保全局、道路局、住宅局などが一体となって土地利用に取り組むことを意味する。

　シンガポールでは至る所でグリーンインフラが確認できる。ほとんどの高層住宅の1階部分は浸水を想定し、オープンスペースとされており、居住スペースとしては使わない。中庭や駐車場にはバイオスウェル（緑溝）で一時的に雨水を貯め、排水路を整備して遊水池へと導いている。また鉄道は高架とし、その下には盛土された歩道と自転車道を整備し、平常時は直射日光を遮り、洪水時の避難場所とする。都市部の屋根、壁は緑化して、雨水の流出を遅らせる。シンガポールにおけるグリーンインフラの工夫は枚挙にいとまがない。

　Eco-DRR（Ecosystem-based Disaster Reduction、生態系に基づく減災）とは、持続的かつ災害リスクを低減させるための生態系の持続的な管理、保全ならびに復元を意味し、持続的かつレジリエントな開発を目的としている（一ノ瀬友博他，2021）。一方、Eba（Ecosystem-based Adaptation、生態系に基づく適応）とは、人類が気候変動の不利な効果に適用することへの適応戦略としての生物多様性や生態系サービスの利用を意味する。Eco-DRR自体は気候変動への対応に限定した生態系に基づく減災ではないが、Eco-DRR/CAA（Climate Change Adaptation、気

候変動への適応）となると、気候変動への対応としての Eco-DRR を意味する（Fabrice et. al., 2017）。Eco-DRR はグリーンインフラの有する機能の一つに位置付けられている。

　津波の威力を減ずるマングローブや海岸防災林は代表的な Eco-DRR と言える。マングローブは沿岸の生態系にとって重要な存在で、魚類のエサとなる昆虫や魚類の住処を提供したり、海面に影を落として直射日光を妨げて魚介類の生育環境を安定させたりする効果や、魚介類の繁殖を助ける効果がある。シンガポールでは、洪水対策として河川や沿岸の護岸をコンクリートで保護するグレーインフラを推進したが、グリーンインフラの導入とともに、コンクリートを撤去してマングローブの林を復活させている。これらは津波防潮堤とは異なり、津波の侵入を阻止することはできないが、津波のエネルギーを減衰させ、陸地への津波の侵入を遅らせる。松林は潮風が絶えず砂塵を吹き上げ、背後地にある田畑に甚大な被害をもたらすのを防ぎ、後背地の生態系も保全する。河川に沿って竹や樹木を植えたり、自生の樹林を管理したりすることによって、洪水のコントロールを行う水害防備林も、Eco-DRR を目的とする森林である。Eco-DRR は先人の知恵として、古くから実践されてきたものが多い。

　豊かな森林が豊かな海を育むことが知られている。したがって、魚介類の生息や生育に好影響をもたらす約 58,000ha の森林を、我が国では森林法に基づいて魚つき（保安）林として指定して保護している。魚つき林は土砂の流出を防止して河川水の汚濁化を防ぎ、清澄な淡水を供給する。また、河川や海洋に窒素・リン・ケイ素・鉄（フルボ酸鉄）などの栄養素やエサを提供して生物多様性を育む。沿岸では海藻類が森林と同様に光合成によって大量の二酸化炭素を吸収しており、まさに魚つき林は Eco-DRR/CAA の立役者なのだ。江戸時代より、海岸近くの森林や山を魚つき林、網付林、網代山などと呼び、藩によっては禁伐としていた。

　人為的な温室効果ガス排出による気候変動が原因とされている水害の

激甚化は、都市化が進んだことによるヒートアイランド現象とともに、危険な区域に形成されたまちに多くの人口が移転したことも大きな原因として発生していることを無視してはならない。グリーンインフラをふんだんに取り入れた豪雨災害のリスクの低い土地を造成し、危険区域の居住者の移転を促すとともに、危険な区域ももとの生態系に配慮しつつ、自然の流れに逆らうことなく洪水を軽減する霞堤のような古典的技術も取り入れることが大切だ。筆者はそのような水害に強いまちづくり構想を、甲府盆地南部で提案した（鈴木，2023）。

　自然の脅威である誘因をなくすことはできないが、その影響を極力軽減するとともに、洪水から早期に回復できる水害をかわすことにできるレジリエントなまちづくりが求められている。新たなまちは、やはり居住者の QOL（クオリティオブライフ）の高いスマートシティであることが望ましい。ここでスマートシティとは、IoT や AI を駆使したまちを目指しているのではなく、より良いまちづくりに他ならない（岡村，2022）。災害危険区域には必ず第一に安全を確保するための災害対策があるべきであり、そこに Eco-DRR、グリーンインフラを取り込んで、いかに持続可能なまちにするかについて、オープンに話し合う場と、話し合いに参加するステークホルダーの存在が重要なのではないだろうか。

11.4　能登半島地震の教訓を生かす

11.4.1　失敗は繰り返された

　これまで幾多の災害における失敗を教訓として法制度が充実された結果、我が国が防災大国となっていることは、第 1 章、第 2 章でエピソードを交えて紹介した通りだ。しかし、防災大国・日本ではもう失敗は繰り返されないかと思いきや、令和 6 年能登半島地震でまた同じ失敗が繰り返された。失敗が繰り返されるのには理由がある。本書の内容の理解を深めていただくため、そしてこの失敗を教訓として我が国の地域防災

に生かすため、令和6年能登半島地震での失敗例と喫緊の課題を示した上で、解決策について提案させていただくことにした。

　最初に地震被害想定と地域防災計画を取り上げる。この地震によって想定外あるいは新たな事象や問題が起こったかというと、起こってはいないのだ。能登半島地震を起こしたF42、43という沿岸地震断層（海底活断層）の存在は地震学者には知られていたし、国土交通省はこれらの活断層による津波の評価まで行っていた。能登半島の西岸が断層活動によって繰り返し隆起していたことも、地形学者によって確認されていた。ところが、これら海底活断層による地震被害想定は行われておらず、したがって石川県の地域防災計画には海底活断層による地震被害は反映されていなかった。このことは、689年貞観地震による大津波が、福島第一原子力発電所の安全性評価から見落とされていたことと重なり（島崎, 2022）、（岡本, 2023）、悲観的に備え、楽観的に行動するという危機管理の原則が、適用されていなかったことを意味する。なぜならば、石川県の地域防災計画は、東日本大震災の後に作成されていたのだ。

　日本には内陸活断層が約2,000存在することがわかっている。活断層とは、一万年よりも最近に動いたことが確認され、これからも動くと推定されている断層のことだ。この約2,000の活断層のうち、M7級の地震を発生させる恐れのある主要な約100の活断層について、文部科学省地震調査研究推進本部が地震発生可能性の長期評価を行っており、今後30年以内にどれくらいの確率で、どれくらいの規模の地震を発生させる可能性があるかを評価している。この長期評価に基づいて、都道府県は地震被害想定調査を行い、その結果を都道府県や市町村の地域防災計画に反映させている。ところが、日本海沿岸の海底活断層については、まだ地震発生可能性の長期評価のための調査は実施中の段階であり、北陸、東北、北海道までの調査を実施するのはこれからだ。しかし、長期評価を行わなくとも、この地震による県内の震度分布くらいは推定できる。

震度さえ与えられれば、被害想定は実施可能なのだ。

　つぎに政府ならびに石川県の初動体制に着目する。1995 年 1 月 17 日に発生した兵庫県南部地震を契機として、自身の一生を防災研究に捧げることを決めた先生の数は少ない。私もその一人なのだが、その代表格と言って良いのが神戸大学名誉教授・室崎益輝先生だ。室崎先生は自戒の念を込めて、政府、石川県の初動の遅さを批判された。石川県の地震被害想定では、マグニチュード 7 未満の地震しか想定していなかったとしても、能登半島地震のマグニチュード 7.6 が発表された瞬間に、発生する事態の深刻さに気づくべきだった。能登半島地震のエネルギーは兵庫県南部地震の約 9 倍だ。地震発生の翌日になっても、1 週間たっても、1 カ月たっても、被害の全容がつかめていなかった。政府や自治体がこの地震による被害の甚大さを想像できず、初動対応を誤った、遅れたということだろう。人口密度の低い地方であったとしても、発災当日の段階で直接死 100 人以上、1 月 3 日の段階であれば災害関連死を含めると死者 300 人程度の犠牲者が出ることは容易に想像できたはずだ。2016（平成 28）年熊本地震（マグニチュード 7.3、地震のエネルギーは能登半島地震の 1/4 ～ 1/5）による死者数は 271 人だった。初動で政府が派遣した自衛隊や緊急消防援助隊の人数が、極端に少なかった。室崎先生は開口一番でこのことを指摘された。

　つぎは被害状況の早期把握と情報共有だ。筆者を含め、多くの研究者が開発した衛星写真、ヘリ映像、ドローン、地震被害シミュレーション等から被害推定を行う技術、無線通信、多機関で情報共有を可能とする情報システムなど、最先端のハード、ソフトはなぜ使われなかったのだろうか。筆者も阪神淡路大震災の教訓を生かそうと奮闘された室崎先生から多くのことを学び、被害状況の早期把握から自治体における庁内、関係機関間の情報共有について、被災自治体の皆さんの協力を得ながら研究開発を実施し、その成果を大災害未経験の自治体へ適用する研究活

動に多くの時間を費やした。また、室崎先生が初代の会長となって立ち上げた地区防災計画学会では、共助と公助の連携を目指した地区防災計画作成支援に取り組んだ。室崎先生は阪神淡路大震災以降、研究者が努力を積み重ね、高めてきたはずの我が国の防災力が、0（阪神淡路大震災以前の状態）に戻ってしまったと嘆かれた。

　なぜ、行政では貴重な災害の教訓が活かされてないのだろうか。第1章で述べた通り、中央省庁も自治体も、2、3年で行う人事ローテーションの弊害として、蓄積されたはずの災害対応の教訓が活かされず、防災担当者が防災の専門家として育っていないからだろう。南海トラフ巨大地震や首都直下地震に備え、我が国も米国のように危機管理を専門とする省庁を設置し、全国に危機管理の専門家集団のネットワークが形成される体制を構築する必要があるだろう。また、危機管理者研修を行うことによって、見附市の前市長・久住氏のように危機管理能力の高い自治体の首長を育てなければならない。

11.4.2　日本海沿岸地域の洋上風力は大丈夫か

　能登半島地震によって日本海沿岸の活断層による津波の特徴が改めて知られることとなった。日本海沿岸には新潟から山形、秋田、青森、北海道へと連なる地震の巣があり、日本海東縁部地震帯と呼ばれている（図－11.1）。日本海溝のような明確なトレンチはないが、海底にいくつもの活断層が帯状に分布しており、この帯を境として西がユーラシアプレート、東が北米プレートと区分されている。過去には1993年北海道南西沖地震（マグニチュード7.8）、1983年日本海中部地震（マグニチュード7.7）、新潟地震（マグニチュード7.5）など、マグニチュード7後半の大地震が発生し、大津波による被害を発生させている。今まさに日本政府はこの日本海東縁部の沿岸に、再エネ海域利用法に基づいて洋上風力発電の建設にふさわしいとする促進区域を指定して、洋上風力発電を

開始しようとしている。既に促進区域に指定され、事業者選定まで終わっている海域も多い。しかし、区域指定する上で、地震や津波の影響は、検討項目として挙がっていない。

図− 11.1　日本海東縁部地震帯

　日本海沿岸では、太平洋沖の日本海溝の断層破壊の場合と異なり、断層から陸までの距離が短いため、海底活断層で破壊が生じると、あっという間に津波が海岸に押し寄せる。船舶は、通常であれば地震の直後に津波の影響の少ない沖へと避難する。ところが日本海の海底活断層で地震が起こった場合、船舶は沖に避難する時間的余裕が十分確保できない。船も住宅も自動車も、陸と海の間を往復して流れることになろう。津波の伝搬速度は水深 6km では時速 800km、水深 10m の沿岸でも時速 36km だ。

　津波の影響がほとんど考慮されないまま、着床式の洋上風力発電所も浮体式の洋上風力発電所も建設されようとしている。比較的水深の浅い場所では着床式風車は、モノパイル基礎やジャケット基礎の上に建設される。一方、水深の深い場所では浮体式となり、海底面に固定したチェーン等で風車を係留する。台風などで発生する波は海水面近くの波浪で、深い海底では海水は動かない。ところが津波は、海底底から海水面まで

海水が一斉に動く現象だ。津波は海底のサンゴ礁などをズタズタに破壊させてしまうことが知られている。東日本大震災では海底通信ケーブルの切断が発生した。洋上風力発電施設はどのくらいの揺れに、津波に耐えられるのか。津波で係留チェーンが強制的に引っ張られる。海底電力ケーブルにも大きな張力が発生する。津波によって家も船も流され、風車に衝突する（図－11.2）。それでも大丈夫という根拠を示すことなく、超大型の風車をつくって良いはずがない。

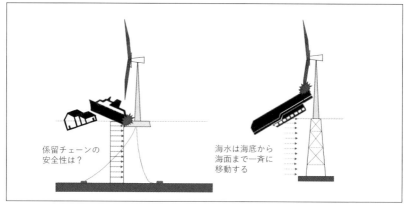

図－11.2　津波による洋上風力発電施設への影響

　筆者は地震工学を専門としてきた。地震工学のなかには地盤の揺れを研究する分野もあれば、建物の揺れを研究する分野もある。土木工学には海岸工学という分野がある。海岸には海底面があり、海水面があり、構造物があるが、波浪や津波そのものや構造物への波浪の影響などを研究する分野だ。海岸や陸上の構造物に対する津波の影響について研究され始めたのは、せいぜい 2011 年東日本大震災の後だ。津波によって巨大な外力がかかるのに、それまではその影響を考慮した設計方法がなかったわけだ。

　現在、津波の影響については海岸構造物については考慮されているが、

洋上風力発電施設のような巨大な海洋構造物については設計法が確立されていない。津波のシミュレーションも行っている海岸工学の研究者に尋ねてみたが、大津波による係留構造物の安定性解析や設計法を研究している研究者はいないそうだ。能登半島地震では重力の 3 倍近い加速度の地震波が観測され、海底面がメートル単位で変動した。津波によって巨大風車が倒壊すると、その一部が船や家や流木とともにものすごいスピードで陸に流れ込み、凶器となる可能性もある。

　一般社団法人防災学術連携体が、令和 6 年 1 月 31 日に令和 6 年能登半島地震・1 カ月報告会を開催した。ここで、筆者はつぎのような質問をした。「日本海東縁部には M7 級の大地震を起こす沿岸海底地震断層が密集しておりますが、その長期評価がまだ行われていません。ここは洋上風力発電の促進区域に指定されており、高さ 200m を超える固定あるいは浮体式の超大型の風車が 1,000 基単位で建設される予定です。東日本大地震を契機として、津波を外力とする設計法が検討されたと記憶しておりますが、このような大型海洋構造物の津波に対する安全性について、検討されているのでしょうか。」この質問に対して、津波研究の第一人者である東北大学の今村文彦先生が、予想通りの回答をされた。「東日本大震災の後、岸壁等の陸上構造物に対する津波外力の評価については研究され、その成果が設計指針に導入された。しかし海洋の構造物、とくに浮体構造物については、研究はされているようだが、浮体式風車の耐津波設計法は、私の知る限り研究されていない。」今村先生がご存知ないのに、浮体式風力発電施設の耐津波設計法が存在するわけがないのだ。また、宇都宮大学の米田雅子先生から、「日本学術会議として、浮体式風力発電施設において津波の海底への影響評価が必要と政府に提言した」との情報をいただいた。

　能登半島地震を機に、洋上風力発電施設の開発については少し立ち止まり、施設の耐震設計、耐津波設計法を確立させるべきだと思う。沿岸

の海底活断層について、文科省の地震調査研究推進本部による地震発生可能性の長期評価が終わり、海底活断層による各促進区域の耐震設計法、耐津波設計法が確立されてから、洋上風力発電施設建設に手をつけても遅くはない。例えば土木学会等に委託して、地震工学委員会、海岸工学委員会、構造工学委員会などで設計法の評価をしてもらうことを推奨する。また、設計方法が確立された後も、すべてが海外メーカーの風車であることもあり、その設計の妥当性を審査する第三者機関を立ち上げ、安全性を確認することを提案する。

　洋上風力発電施設は着床式の場合は港湾施設として、浮体式は船舶として、法的に取り扱うことになっている。旧運輸省（現国土交通省）の外郭団体である一般社団法人沿岸技術研究センターの清宮理参事（早稲田大学名誉教授）は、海外の技術を導入している洋上風力発電施設では、適用されている複雑な設計計算モデルが日本の自然条件（地震、耐風、落雷、地盤等）に適合していることの検証が必要だが、検証のための自前の計算ソフトウェアがないことが問題と指摘している（清宮，2018）。また、着床式風車の解析のための入力定数の取り扱いが定まっておらず、耐震設計法について再検討する必要性があると述べている（清宮，2024）。ちなみに、一般社団法人沿岸技術研究センターは、洋上風力発電施設が備える係留施設の適合性確認業務を担当する機関となっている。

11.4.3　見直すべき我が国の災害対策

　阪神淡路大震災で課題とされた初動対応のための災害情報収集・共有、東日本大震災で課題となった支援物資供給、どちらも法制度化され、具体的な対応が行われているはずだった。筆者もそのために微力ながら貢献させていただいた。避難所→市町村→県→内閣府→提携企業・協会→県→市町村→避難所の物資供給システムは、2012年の災害対策基本法改正によって存在するはずだったが、機能していなかった。NHKスペシャ

ルのディレクターから、「避難者が必要な物資を誰に要求すればよいかわ
からないと嘆いているが、どのようにアドバイスすべきですか」と相談
を受けて驚いた。孤立集落では自衛隊による御用聞きシステムに頼るし
かなかっただろうが、少なくとも指定避難所では、物資供給が滞ってい
るにしても、避難所で必要な物資の情報が市町に伝わっているものと思っ
ていたからだ。救援物資供給についてのテレビインタビューを受ける総
理の説明を聞いて、総理が上記の物資供給システムがあることをご存知
ないことがわかり、筆者はショックを受けた。

　そろそろ我が国も災害時の被災地支援のあり方を、見直す必要がある。
4 年前に国際会議でイタリアのマルケ州を訪問した際、前年に発生した
地震の際の災害対応について学ぶ機会を得た。イタリアでは、災害が発
生すると政府から州の市民保護局に対して、72 時間以内に避難所を設置
するよう指令が下る。指令を受けるのは、被災した自治体の市民保護局
ではなく、その周辺で被害を免れた自治体の市民保護局となる。イタリ
アでは様々な業種の人たちが自ら志願して災害ボランティアとして事前
に訓練を受けて登録しており、州からの指示によって最大 7 日間の給与
と交通費、保険が保障されて被災地に派遣される。また雇用者はこのよ
うな登録した職能ボランティアを被災地に派遣させる義務がある。

　各州、県にキッチンカー、食堂、トイレ、シャワー、ベッド、テント
が備蓄されており、発災後短時間でパッケージとして被災地に届けられ
避難所を設営する。これらの設備は公費で購入され、各地域のボランティ
アらによって管理・運用される。避難所での食事は避難所で温かい食事
を作ることが必須となっている。もちろん避難所はテントであり、体育
館での雑魚寝はない。避難者約 5 人に対して 1 人の支援者が入る。トイ
レとシャワーは複数の個室で構成される専用コンテナの中に配備される。
トイレコンテナの内部には待機スペースがあり、日本の仮設トイレの様
に外で行列を作らなくてよい設計となっている。トイレコンテナは避難

者 5 〜 6 人に 1 台だそうだ。食費を含め災害支援の費用は公費から支払われる。被災地では自治体職員も被災し、疲弊している。自治体同士が横の連携で支援する仕組みを法制度化し、発災後に調整するのではなく、事前に被災地支援の仕組みをつくってほしいものだ。

避難所での在留外国人の苦悩ぶりについては、熊本地震を例にとって説明した通りだ。能登半島地震では、発災の 3 日後に一人のベトナム人男性技能実習生が、日本人と同様に取り扱ってもらっているとの報道があった。その後も複数のベトナム人女性技能実習生が仲良く避難所で過ごす姿が紹介された。しかし、その 1 週間後には、ベトナム人女性技能実習生の集団は避難所から出て、集団生活を余儀なくされていた。彼女らはテレビのインタビューに対して、「日本語がわからないから何もわからない」と言って、避難所から出たのだそうだ。それ以外に理由は、後で調査されるだろうが、熊本地震の教訓から容易に想像はつく。同じ失敗が繰り返されているのだ。やはり、多言語翻訳アプリによって意思疎通することが、多文化共生の第一歩だと思った。

我が国の地域防災は、これからも失敗を繰り返しながら、少しずつ改善される道をたどるかもしれない。しかし、それでは南海トラフ巨大地震や首都直下地震といった巨大災害に太刀打ちできないばかりか、熊本地震や能登半島地震のような活断層地震による局所的大災害にも対処できない。つぎの巨大災害で取り返しのつかない大きな失敗を犯すことにならないように、そろそろ我が国の災害対策を抜本的に見直すべきだろう。米国のように、危機管理を専門とする省庁を中心とした危機管理の専門家集団と標準的な危機管理システム（National Incident Management System, NIMS）に基づいた全国ネットワーク構築に、早期に着手するべきだろう（伊藤, 2022）。自治体の首長や防災危機管理担当者の危機管理教育を始め、初動体制、被災地支援、復旧・復興の体

系化を目指してほしい。阪神淡路大震災の後、また東日本大震災の後、防災・危機管理の学会が新たに設立され、多くの研究者が防災研究に取り組んでいた。その研究成果を、国や自治体、そして国民の災害対策に反映させる制度が必要だ。

　能登半島における地震被害の映像は、ウクライナやガザにおける侵略戦争による惨状と重なるところが多い。喫緊の課題となっている食料やエネルギーの自給とともに、災害対策は我が国の安全保障上、重要な施策の一つと言える。ところが、防災関連予算はあまりにも少ない。国民にも、努力義務を超えてある程度の防災活動の責務を与えても良いと思う。その上で、地区防災計画制度のように、自発的な要素は残しつつも、自主避難のためのマイ避難スイッチのシステム構築や、また計画作成、維持管理のために風の人として専門家が関われるように、予算を確保していただきたい。

参考文献

・花岡利幸（2006），「地域計画」実践・地方都市のまちづくり，技報堂出版，pp.124-150.
・日本建築学会（2015），景観まちづくり　まちづくり教科書第8巻，pp.50-79.
・鈴木猛康（2023），増災と減災　－行き過ぎた再生可能エネルギー開発への警鐘－，理工図書.
・山梨新報（2023），グランピング問題から見えるもの「住民・自治体がモニタリングを」，6月30日.
・グリーンインフラ研究会（2017），決定版　グリーンインフラ，日経BP.
・グリーンインフラ研究会（2022），実践版　グリーンインフラ，日経BP.
・Yau, W.K., Radhakrishnan, M., Liong, S.Y. and Zevenbergen, C. (2017), Pathirana, A. Effectiveness of ABC waters design features for runoff quantity control in urban Singapore, Water, Vol.9, No.577.

- Public Utilities Board, Singapore (2019), Active, Beautiful, Clean Waters Design Guidelines, 4th Edition.
- 一ノ瀬友博編著（2021），生態系減災 Eco-DRR，慶應義塾大学出版会．
- Fabrice G. Renaud, Karen Sudmeier-Rieux, Marisol Estrella and Udo Nehren (2016), Ecosystem-Based Disaster Risk Reduction and Adaptation Practice, Springer International Publishing Switzerland.
- 岡村久和（2022），スマートシティの本来の意味：国際的スマートシティの基礎知識 1, Tech Note, 2022，https://www.ipros.jp/technote/basic-international-smart-city1/
- 島崎邦彦（2023），3.11 大津波の対策を邪魔した男たち，青志社．
- 岡本寛昭（2023），福島原発事故の真相究明，青葉堂．
- 一般社団法人防災学術連携体（2023），令和 6 年能登半島地震，https://janet-dr.com/050_saigaiji/052_saigai.html
- 地震調査研究推進本部，主要活断層帯，https://www.jishin.go.jp/resource/terms/tm_major_active_fault_zone/
- 伊藤潤（2022），米国の国内危機管理システム NIMS の全容と解説，芙蓉書房出版．
- 清宮理（2018），風力発電施設の洋上展開技術，CDIT 臨時創刊号，pp.32-38.
- 清宮理（2024），洋上風力発電（着床式）における構造工学に関する課題，土木学会構造工学セミナー「次世代エネルギーに向けたインフラ整備への期待」講演テキスト．

あとがき

　本著では、著者が10年ほど前から自ら実践してきた地区防災計画、多言語翻訳アプリを用いた観光防災、そして防災まちづくりの取組みなどを、学術的成果を交えながらまとめた。また、読者の理解を高めるための予備知識として、我が国の災害対策の課題、我が国の災害対策の歴史、防災気象情報について、事前に学んでいただけるように配慮した。

　我が国の防災にはまだまだ課題が山積している。防災気象情報と避難情報の混乱はこれからも続きそうだし、場合によってはさらに混乱が拡がるかもしれない。しかし、本著で防災気象情報を正しく学んだ読者は、防災気象情報の氾濫にもう戸惑うことはないと信じている。各自が理解したことを家族に、隣人に伝えていただきたい。また、家族で、隣人で、職場で、話題にしてもらいたいと思っている。

　地区防災計画は、計画作成と構え過ぎる必要はなく、もっと気軽に地区でできることをメモにする、箇条書きにする、表を作成する程度で良い。もっとも大切なことは自発的かつ継続的な活動であり、それを可能にするには、住民が互いに顔の見える関係を築く必要がある。住民が住みやすいまちづくりに取り組むことが地区防災の基本であることを強調しておきたい。土の人、風の人、水の人が連携して取り組む地区防災は、まちづくりそのものだ。我が国は、住民がまちづくりの主体であるにもかかわらず、実際には無関心な傾向が強いように思う。風の人はどうかというと、研究者、とくに大学の教員は、論文を執筆することに多くのエフォートをかけざるを得ず、地方大学であっても筆者のように地域のフィールドに出て、地区と関わる研究者の数は少ない。

　一方、都道府県や市町村も部局の所管する法律の範囲にこだわり、いわゆる縦割り行政が国から地方自治体に至るまでまん延している。その

ため、防災にはほとんどすべての部局が横串によって関わらなければならないにもかかわらず、多くの地方自治体では防災部局しか対応できていない状況にある。縦割り行政の壁を取り払って、職員が活動できる環境をつくるのは、首長の責務だと思う。

　多言語翻訳アプリは、AIの急速な普及に伴って開発の当初と比較して画期的な進化を遂げ、世の中で広まりつつある。災害時に役立つには、日常の活用での普及展開が不可欠なので、授業や研修、美術館や博物館の案内、ガイドツアー等での活用をご検討いただきたい。日本人は外国語が不得意な人種のようだ。外国語が話せないからと言って諦めたり躊躇したりしていたことが可能になると、これまでとは異なる景色が見えてくるに違いない。日本人が海外旅行に行って、片言の外国語で観光地の説明を受け、施設や文化をちゃんと理解しないまま欲求不満のままで帰ってくるように、インバウンド観光客も日本の文化を中途半端に理解して欲求不満のまま帰ってしまうことになる。そして災害時は、情報の欠如によって混乱し、せっかくの旅行が台無しになってしまう。観光施設において多言語翻訳アプリの活用の機会を拡げていただきたいと思って、著書の中では実証実験を詳述したので、具体的な活用イメージを持っていただけたら幸いである。

　これからの防災についてまとめ上げるのはなかなか難しかった。本著では、景観条例も地区防災計画も住民と行政の協働によって成り立つことを強調した。また、増災を招かないためには、住民が声を上げやすい環境の醸成が必要となる。再生可能エネルギー開発こそが地球温暖化の解決策とする再エネ神話から目を覚ましてもらうのは容易ではない。政府と都道府県が歩調を合わせ、さらに事業者と手を組んで増災にストップをかけるためには、やはり国民が事実を理解し、声を上げるしかないだろう。そのために大きな力になると期待されるのが、マスメディアによる正しい報道だ。景観の保全に対しても、地球温暖化防止に対しても、

目立たないがグリーンインフラは極めて重要な取り組みと言える。Eco-DRR としての防災・減災をスマートシティの基本構想に据えると、防災・減災と地球温暖化防止の両面で有効な都市開発が実現するのではないかと思う。

　本著を通して、これまでの防災とこれからの防災について学んでいただけたら幸いに思う。この本を読んだ防災関係の研究者のみならず、中央省庁や自治体、事業者、一般市民の皆さんが、少しでも地域防災を実践していただくことを切に希望する。

　最後に、執筆の機会を与えて下さった理工図書の柴山社長、山田さん、そして幸野さんに、心より感謝します。

索引

217

鈴木猛康（すずき・たけやす）

山梨大学名誉教授・客員教授、特定非営利活動法人防災推進機構理事長、
東京大学生産技術研究所リサーチフェロー。
1956 年京都府京丹後市生まれ。
1982 年東京大学大学院工学系研究科修了（1991 年東京大学工学博士）。
技術士（総合技術監理部門、建設部門）。民間企業、防災学技術研究所を
経て 2007 年山梨大学大学院教授、2011 年より同大学地域防災・マネジメ
ント研究センター長。2022 年山梨大学を定年退職し、現職に至る。
専門は地域防災、リスク・コミュニケーション、ICT 防災など。
受賞は 2012 年災害情報学会廣井賞、2018 年地区防災計画学会論文賞、
2022 年野口賞など。
著書は「防災工学（理工図書）」「増災と減災（理工図書）」など。
山梨県防災体制のあり方検討委員会委員長等を歴任。
地区防災計画学会幹事等を歴任。
日本工学アカデミー会員。
全国再エネ問題連絡会共同代表。

地域防災の実践　―自然災害から国民や外国人旅行者を守るための実学―

2024 年 4 月 23 日　　初版第 1 刷発行

著　者　鈴　木　猛　康

発行者　柴　山　斐呂子

〒102-0082　東京都千代田区一番町 27-2
電話 03（3230）0221（代表）
FAX 03（3262）8247
振替口座　00180-3-36087 番
https://www.rikohtosho.co.jp
お問合せ info@rikohtosho.co.jp

発行所　理工図書株式会社